W0387724

Mosaik
bei GOLDMANN

Buch

Das Öl des Teebaums (Melaleuca alternifolia) ist ein ausgezeichnetes Heilmittel für eine Vielzahl von Beschwerden – das erfuhr schon Captain Cook vor mehr als 200 Jahren auf seiner Entdeckungsreise zur Südostküste Australiens. Später begannen auch die weißen Siedler das Allround-Heilmittel der Aborigines zu nutzen.
In den letzten Jahren erlebte das Teebaum-Öl eine Renaissance. Wissenschaftliche Studien haben seine ungeheure Wirksamkeit auf das Immunsystem bewiesen.
In ihrem Ratgeber zum Umgang mit dem Teebaum-Öl beschreibt die erfahrene Aromatherapeutin die vielfältigen Anwendungs- und Behandlungsmöglichkeiten bei Gesundheitsstörungen.

Autor

Julia Lawless ist Aromatherapeutin und eine bekannte Sachbuchautorin.

JULIA
LAWLESS

Das Teebaum-Öl

Von der Heilkraft der Teebaum-Essenz

Aus dem Englischen
von Diane von Weltzien

Mit einem Vorwort
von Irene Dalichow

Mosaik
bei GOLDMANN

Der Band ist bereits als Goldmann Tb 13938
unter dem Titel »Das Tea-Tree-Öl« erschienen

Für Alex und Chiara

Umwelthinweis:
Alle bedruckten Materialien dieses Taschenbuches
sind chlorfrei und umweltschonend.

Der Goldmann Verlag
ist ein Unternehmen der Verlagsgruppe Bertelsmann

Vollständige Taschenbuchausgabe Juli 1998
Wilhelm Goldmann Verlag, München

Originalverlag: Thorsons, London
Originaltitel: Tea Tree Oil
Umschlaggestaltung: Design Team München
unter Verwendung folgender Fotos:
Umschlag: Guido Pretzl
Umschlaginnenseiten: Hans Reinhard
Druck: Elsnerdruck, Berlin
Verlagsnummer: 16104
Kö · Herstellung: Sebastian Strohmaier
Made in Germany
ISBN 3-442-16104-5

1 3 5 7 9 10 8 6 4 2

Inhalt

Vorwort zur deutschen Ausgabe

Ein Pflanzenöl vom »anderen Ende der Welt« schickt sich an, als eine Art Wundermittel auch in Europa Karriere zu machen: das ätherische Öl des australischen Tea-Tree, des Teebaums, der freilich meist als Busch vorkommt und inzwischen großflächig angepflanzt wird. Nicht nur in seinem Herkunftsland gilt das Teebaumöl als ein »Erste-Hilfe-Köfferchen in Flaschenform«.

Als Kapitän Cook bei seiner Erforschung des pazifischen Raumes Australien entdeckte, beobachtete sein Botaniker Joseph Banks dort immer wieder, wie die Ureinwohner zerquetschte Blätter von »melaleuca alternifolia«, die das Heilöl enthalten, als Kompresse für Wunden und Hautverletzungen benutzten. Verschiedene Bäume und Sträucher in Australien und Neuseeland haben in der Umgangssprache den Namen »Tea Tree« erhalten, da die Mannschaft von James Cook angeblich einen »Ersatztee« aus den Blättern gekocht haben soll.

Eine ganze Reihe weißer Einwanderer sollte sich abgucken, wofür die Aborigines den Extrakt des Teebaums verwendeten. Zum Beispiel benutzten sie es, um bei Erkältungen, Verletzungen, Erkrankungen der Haut die Selbstheilungskräfte des Körpers anzuregen. Als die Weißen merkten, daß das funktionierte, setzten sie die gesamte ihnen zur Verfügung stehende Maschinerie von offizieller Präsentation und wissenschaftlicher Absicherung in Gang: 1923 stellte Arthur Penfold vom »Museum für angewandte Kunst und Naturwissenschaft« in Sydney das Öl der Royal Society von England als zuverlässiges Erste-Hilfe-Mittel vor. Es wurde dann im Zweiten Weltkrieg von den australischen Truppen gegen verschiedene Hautkrankheiten eingesetzt. Seit den 30er Jahren wurde die Wirkung von Tea-Tree-Öl weltweit wissenschaftlich untersucht und bestätigt.

Ein wirklicher Boom besteht allerdings erst seit wenigen Jahren. Ja, ein regelrechter Boom ist zu verzeichnen, auch wenn das merkwürdig erscheinen mag. Denn eigentlich sollte man doch meinen, daß das ätherische Öl einer Pflanze nicht irgendwelchen Modeströmungen unterliegen kann. Etwas, das innerhalb einer alten Kultur seit Jahrtausenden von Generation zu Generation weitergegeben wird ...

Doch es ist zu spüren, daß die gesamte Kultur der Aborigines für uns sogenannte zivilisierte Westler seit einigen Jahren von großem Interesse ist. Offenbar spüren wir, daß Menschen, die ihre Träume, ihr Im-Einklang-Stehen mit der Natur, ihre Gemeinschaft untereinander so wichtig nehmen, uns für unsere auf allen Ebenen verfahrene Lage etwas zu geben haben. Daß das Öl ihres heimischen Teebaums nicht nur gegen Erkältungen, Verletzungen und Hauterkrankungen hilft, mit denen die Menschen sich schon seit Urzeiten auseinandersetzen müssen, sondern auch gegen ausgesprochene Zivilisationsgebrechen wie alle möglichen Arten von Pilzen und Immunschwäche-Symptomen – das grenzt ja schon fast an ein Wunder.

Ich selbst habe das Öl bei meinen Reisen nach Australien sehr zu schätzen gelernt: als einziges wirklich Linderung verschaffendes Mittel gegen juckende Insektenstiche in der Wüste um Alice Springs, als desinfizierenden Gurgelzusatz während einer Halsentzündung im extrem schwankenden Klima der Blue Mountains westlich von Sydney.

Dort, in den Blue Moutains, traf ich auch Djulpan, den Sohn eines Schotten und einer Irin, der zwanzig Jahre lang in Sydney als Akupunkteur gearbeitet hatte. Fünf Jahre vor unserer Begegnung war er einem tiefen, bedeutsamen Traum gefolgt und war zu den Aborigines in die Nähe des Uluru (Ayer's Rock) gegangen, um sich von ihnen zum Buschdoktor ausbilden zu lassen. Dort erhielt er auch den Namen »Djulpan«. Heute arbeitet er wieder als Akupunkteur, jedoch vor dem Hintergrund dessen, was er während der drei Lehrjahre in der Wüste erfahren hat. Die Aborigines hätten ihm eine Rolle als »Übersetzer« und Vermittler zugedacht, und so sehe er seine Rolle auch selbst, erklärte er mir.

Auch Djulpans Tea-Tree-Tips entstammen diesem Hintergrund. Er ist ein Spezialist für das sogenannte Feinstoffliche, und ich möchte Ihnen diese Hinweise nicht vorenthalten.

Djulpan sagte, bei einer Krebserkrankung könne eine vorsichtige Einnahme von Tea-Tree-Öl dem Betroffenen helfen, die mentalen und emotionalen Muster zu erkennen und aufzugeben, die zu der Krankheit geführt haben.

Bei tiefen Depressionen könne das Öl lindernd und befreiend wirken: Drei Tropfen davon auf den rechten Mittelfinger geben und hundertmal im Uhrzeigersinn kreisend auf das Herzchakra auftragen, also in der Körpermitte auf der Höhe des Herzens. Zur energetischen Reinigung von Kleidern, Möbeln, Räumen solle man Wasch- oder Putzmitteln einige Tropfen des Öls beimengen.

So bekommt das »Erste-Hilfe-Köfferchen« in Flaschenform nicht nur dem Körper, sondern auch der Seele.

Das Teebaumöl erfreut sich also seit kurzer Zeit auch in unseren Breiten, weit entfernt vom Kontinent »down under«, wachsender Beliebtheit. Und es regt zusätzlich zu allem anderen auch noch die Lust derer an, die es verwenden, damit immer wieder Neues auszuprobieren.

Ich hoffe, daß Sie aus dem vorliegenden Taschenbuch viele hilfreiche Anregungen aufgreifen und daß das, was Sie daraus machen, Ihrer Gesundheit und Ihrem Wohlbefinden nützt.

Irene Dalichow

Dank

Insbesondere möchte ich den folgenden Personen danken, die mich bei der Verwirklichung dieses Buches unterstützt haben: John Black für seine wertvolle Sachkenntnis und fachlichen Informationen; Cara Denman für ihre Beratung; Jane Graham-Maw und jenen anderen im Thorsons Verlag, die dem Projekt aufgeschlossen gegenüberstanden; Len Smith für seine editorischen Anmerkungen und Vorschläge; und schließlich auch meinem Mann Alex und meiner Tochter Natasha für ihre treue Unterstützung.

Mein Dank geht auch an das *Jour. Agric. Food Chem.* für die freundliche Abdruckgenehmigung der Tabelle über die genaue Zusammensetzung des Teebaumöls (siehe Anhang).

Dieses Buch ist meinem Bruder Alex und seiner Frau Chiara gewidmet, die mich in den ersten Jahren meines Interesses für Aromatherapie und Kräuterkunde unterstützten und ermutigten.

Teebaumöl – eine Einführung

Bei flüchtigem Durchblättern dieses Buches fragt man sich vielleicht verwundert, wie es möglich ist, daß eine einzige Substanz – das Teebaumöl – so viele unterschiedliche Beschwerden zu behandeln vermag. Liest man genauer, stellt sich jedoch heraus, daß ein Großteil der allgemein verbreiteten Leiden, die hier aufgeführt werden, drei Hauptkategorien zuzuordnen sind: Virusinfektionen (wie Windpocken, Masern oder Grippe), Pilzinfektionen (Tinea pedis, Soor oder Trichophytie) und bakterielle Infektionen (wie entzündete Schnittwunden, Pickel oder sonstige Wunden). Die einzigartige Kraft des Teebaumöls besteht darin, daß es gegen jeden dieser drei angriffslustigen Organismen wirksam ist!

Naturheilmittel wie das Teebaumöl erleben in Europa und in Nordamerika seit einigen Jahren eine neue Blüte, da sich die Öffentlichkeit zunehmend von den Möglichkeiten und Verfahrensweisen der Schulmedizin enttäuscht zeigt. Das Bestreben der modernen westlichen Medizin war es bisher, jede Krankheit oder jedes Symptom mit einem spezifischen chemischen Mittel zu behandeln. Obgleich die wissenschaftlichen Fortschritte des vergangenen Jahrhunderts in vielerlei Hinsicht für die Medizin von großem Nutzen waren, haben sie doch auch zu einer Spezialisierung geführt, die den Bedürfnissen des Individuums als Ganzem nicht gerecht geworden ist. Indem man die Aufmerksamkeit allein auf die physische Äußerung einer Krankheit und deren Behandlung richtete, wurde die Bedeutung ihrer emotionalen und psychologischen Bestandteile herabgesetzt und die conditio humana allmählich auf das Niveau einer chemischen oder molekularen Wechselwirkung reduziert.

Hinzu kommt, daß zwar viele dieser neu entwickelten Medikamente erfolgreich die *Symptome* einer Krankheit bekämpfen, zugleich aber auf lange Sicht schädliche Nebenwirkungen auftreten. Solche Schattenseiten bestehen etwa in der tendenziellen Suchtwirkung vieler verschriebener Schlafmittel und in dem allmählichen Zusammenbruch des körpereigenen Immunsystems durch die fortwährende Einnahme synthetisch hergestellter Medikamente wie beispielsweise Antibiotika. Im Gegensatz dazu zeigt das Teebaumöl keinerlei Nebenwirkungen und kurbelt das Immunsystem sogar noch an, indem es die natürlichen Heilkräfte des Körpers unterstützt.

Seit einigen Jahren sucht eine wachsende Zahl von Menschen Hilfe bei »alternativen« oder »ergänzenden« Heilmethoden, zu denen auch die Pflanzenheilkunde und die Aromatherapie gehören. Was unterscheidet diese Disziplinen von dem allopathischen Modell? Der wichtigste Unterschied dürfte in ihrem ganzheitlichen Ansatz bestehen, das heißt, sie beurteilen die physischen, emotionalen und spirituellen Bedürfnisse eines Patienten im Gesamtzusammenhang seiner Person. Auf diese Weise kann das Gefühl von umfassender Harmonie und Wohlbefinden, welches die Gesundheit ausmacht, wiederhergestellt werden. Bei unserer modernen Lebensweise mit ihren vielen psychologisch verursachten Beschwerden – Streß und seine Folgen mit eingeschlossen – ist dies besonders wichtig. Basierend auf dem Bewußtsein schwerwiegender sozialer Probleme und auf dem zunehmenden Engagement für die Umwelt entsteht ein starkes Bedürfnis nach »Rückkehr zur Natur« – nach Achtung der Umwelt und einem ausgewogeneren Lebensstil.

Aber »allopathische« und »alternative« Vorgehensweisen müssen nicht in Konkurrenz zueinander gesehen werden. Beide Methoden haben ihren eigenen Wert; was wir heute brauchen, ist vielmehr eine *Zusammenführung* moderner Wissenschaft mit traditionellem Wissen. In manchen östlichen Ländern wie

China und Indien werden traditionelle Behandlungsmethoden neben den neu erworbenen chirurgischen Fertigkeiten und anderen modernen Techniken eingesetzt. Auch im Westen bewertet man solche alten Heilmethoden neu. Dieser Wandel ist von großer Bedeutung, insbesondere wenn man bedenkt, daß viele sogenannte »alternative« Methoden auf natürlichen Heilverfahren basieren, die seit Tausenden von Jahren in traditionell orientierten Kulturen eingesetzt werden, wogegen die »orthodoxe« Medizin noch kaum den Kinderschuhen entwachsen ist!

Pflanzenheilkunde ist eine der ältesten traditionellen Formen des Heilens. Zudem sind auf Pflanzen basierende Medikamente universell, da sie von allen alten Kulturen verwendet wurden – wobei jede von ihnen auf der Grundlage ihrer Pflanzenwelt eigene Heilsysteme entwickelte. Europäer und nordamerikanische Indianer erfreuten sich einst, wie jedes erfinderische Volk, einer starken Kräutertradition auf der Basis dessen, was bei ihnen wuchs. In Australien beispielsweise kannten die eingeborenen Aborigines eine Reihe stark aromatischer Pflanzen, die als Heilmittel Verwendung fanden wie etwa Eukalyptus *(Eucalyptus globulus)* und Teebaum *(Melaleuca alternifolia)* – beides Pflanzen, die reich an wertvollen ätherischen Ölen sind.

Aus dem Teebaum *(Melaleuca alternifolia)* gewinnt man ein medizinisch besonders wirkungsvolles ätherisches Öl, das seit einigen Jahren unter alternativen Heilpraktikern ebenso wie in orthodoxen Medizinerkreisen zunehmend Anerkennung findet. Diese farblose oder blaß gelbgrüne Essenz mit ihrem frischen, würzig-medizinalen Duft ist mittlerweile weit verbreitet und unter dem Namen Teebaumöl oder Tea-Tree-Öl erhältlich. In den letzten Jahren hat sie vor allem innerhalb der Aromatherapie an Bedeutung gewonnen – einer modernen »alternativen« oder »ergänzenden« Form des Heilens, die sich seit den siebziger Jahren wachsender Beliebtheit erfreut. Wie die Kräuterheilkunde ist auch die Aromatherapie eine alte Form des Heilens, die auf Pflanzen basiert. Doch während sich die medizinische Pflanzenheilkunde der ganzen Pflanze bedient, nutzt die Aromatherapie nur ihre ätherischen Öle – den aromatischen Aspekt, der jeder Pflanze ihren unverwechselbaren Duft verleiht.

Teebaumöl ist für den Aromatherapeuten eine Essenz, die wegen ihrer zahlreichen Anwendungsmöglichkeiten gar nicht hoch genug eingeschätzt werden kann. Sie besitzt hervorragende antiseptische Eigenschaften und kann gefahr- und problemlos gegen viele weitverbreitete Beschwerden eingesetzt werden. Die einfache Anwendung macht Teebaumöl auch zu einer sinnvollen Erste-Hilfe-Substanz und somit zu einer wertvollen Ergänzung der Haus- oder Reiseapotheke. Medikamente, in denen Teebaumöl enthalten ist, werden in zunehmendem Maße auch im professionellen medizinischen Umfeld statt synthetischer Arzneien von eher »orthodoxen« Ärzten eingesetzt, weil sie in den letzten Jahrzehnten Thema einiger intensiver wissenschaftlicher Untersuchungen waren. Teebaumöl wurde (in Australien 1980) als keimtötendes Mittel in einer Lösung von nur vier zu tausend mit großem Erfolg getestet. Laut einem australischen Arzt ist es nur eine Frage der Zeit, bis Teebaumöl als »das Antiseptikum der Zukunft erkannt wird«. Teebaumöl soll nicht länger als Modeerscheinung betrachtet oder in seiner Anwendung auf die Aromatherapie beschränkt werden, denn seine Anwendungsmöglichkeiten sind viel weitreichender. Die Wahrheit ist einfach …

Die grundlegende Aussage, die man zum Teebaumöl machen kann, ist, daß wir in ihm eine der wunderbarsten Heilquellen besitzen, welche die Natur uns anzubieten hat …[1]

TEIL I

Medizinischer Hintergrund und Geschichte des Teebaums

1. Volkstümliches Heilmittel der australischen Aborigines

Der schmalblättrige, papierrindene Teebaum *(Melaleuca alternifolia)* gehört zur großen botanischen Familie der Myrthengewächse *(Myrtaceae)*. Alle zu dieser Familie gehörigen Pflanzen sind besonders aromatisch, weil sie drüsenartige Knoten in ihren Blättern aufweisen, die, wenn man sie zerdrückt, ätherische Öle in unterschiedlichen Mengen und Zusammensetzungen freisetzen.

Viele Pflanzen Australiens, Eukalyptus mit eingeschlossen, gehören zur Familie der Myrtengewächse, denen in der australischen Flora daher besondere Wichtigkeit zukommt. Wie die Gattung Eukalyptus, von der Hunderte verschiedene Arten existieren, bilden auch die Gattungen *Melaleuca* und *Leptospermum* eine große Gruppe, die in Australien unter dem Begriff »Tea-Tree« zusammengefaßt werden. Die Tatsache, daß mit diesem Namen eine im allgemeinen sehr artenreiche und weitverbreitete botanische Gruppe von Pflanzen beschrieben wird, die noch dazu regionale Unterschiede aufweist, hat natürlich zu einiger Verwirrung geführt. Sie wurde nicht zuletzt durch den Umstand hervorgerufen, daß das aus der *Melaleuca alternifolia* gewonnene ätherische Öl auch »Ti-Tree-Öl« genannt wurde, obwohl »Ti« das Maori-Wort für die vollkommen andere, palmenähnliche Kohlpalme *(Cordyline australis)* ist.

Melaleuca alternifolia ist eine nur in Australien anzutreffende Teebaumart, die mit ihren bis zu sieben Metern Höhe die kleinwüchsigste ist. Der dürre Baum mit seinen weichen, hellgrünen, nadelähnlichen Blättern und winzigen gelben oder cremefarbenen flaschenbürstenähnlichen Blüten gedeiht in sumpfigen Gegenden und kommt besonders häufig in den küstennahen Feuchtgebieten des nördlichen New South Wales und des südlichen Queensland vor. Teebäume wurden von den einwandernden Milchbauern als Unkraut empfunden, weil sie die Rodung des Landes über die Maßen erschwerten. Da sie sehr kraftvoll wachsen, tauchen schon bald, nachdem ein Baum gefällt ist, neue Ableger aus den Wurzeln auf, was die Ausrottung praktisch unmöglich macht, es sei denn, man ist bereit, die Wurzeln auszugraben. Erst nachdem sich Anfang des Jahrhunderts der kommerzielle Nutzen des Baums abzeichnete, wurden seine Wachstumseigenschaften gewürdigt und nicht mehr verflucht.

Eine »tea plant« (Teepflanze) wurde erstmals im Jahre 1770 erwähnt, als Captain James Cook von der Britischen Königlichen Marine mit der *HMS Endeavour* in der Botany Bay an der östlichen Küste Australiens landete. Er führte seine Gruppe im Rahmen einer Expedition in die gefährlichen, schlangenverpesteten Sumpfgebiete (heute New South Wales), wo er auf dichte Wälder von Bäumen mit aromatischen Blättern stieß. Der Botaniker Sir Joseph Banks, der die Expedition begleitete, sammelte Proben der Blätter und brachte sie zum Zweck weiterer Studien nach England. Captain Cook nannte die Bäume, von denen sie stammten, »Teebäume« oder »Teepflanzen«, weil ihre Blätter, wenn man sie kochte, einen angenehm würzigen und erfrischenden Tee ergaben. Er benutzte die Blätter auch, um daraus sein eigenes Bier zu brauen:

»Zunächst haben wir es (das Bier) aus einer Abkochung von Tannennadelsprossen hergestellt, doch war dieses Bier zu stark adstringierend, so daß wir es mit der gleichen Menge aus dem Teebaum (der Name stammt von der Verwendung als Tee während meiner letzten Reise und auch auf dieser) vermischt haben. Dadurch wurde die zusammenziehende Wirkung der ersten Abkochung gemildert, und das nun sehr schmackhafte Bier wurde von allen an Bord geschätzt.«[1]

Es wird aus diesem Bericht nicht klar, auf welche Teebaumart sich Captain Cook hier bezieht, aber es war mit Sicherheit eine Pflanze, die der Gattung *Melaleuca* oder *Leptospermum* zuzurechnen ist. Den Brauch, aus den duftenden Blättern Getränke zu brauen, übernahmen die Einwanderer wahrscheinlich von den Bundjalung Aborigines, die den Landstrich bewohnten. Den Aborigines waren auch die heilenden Eigenschaften der Teebaumgattung und insbesondere der Art *Melaleuca alternifolia* bekannt, die sie seit Jahrhunderten als traditionelle Medizin genutzt hatten.

> *Die Aborigines bedienten sich bei der Heilmittelgewinnung einer Reihe von Teebaumarten. Gegen Husten und Erkältungen wurden Blätter zerstoßen und inhaliert oder eingeweicht, um einen Aufguß zuzubereiten. Blattspülungen wurden bei Schmerzen, wunden Stellen und Verbrennungen angewendet.*[2]

Die zerstoßenen Blätter wurden, manchmal in Verbindung mit einer warmen Schlammpackung, auch eingesetzt, um Infektionen und eine große Spannweite von Hautbeschwerden zu behandeln. Als gegen Ende des achtzehnten und zu Beginn des neunzehnten Jahrhunderts die weißen Siedler zu Tausenden ins Land strömten, übernahmen sie ganz natürlich einen Teil der Methoden der Aborigines. Eukalyptus, ein weithin bekanntes Volksheilmittel, wurde zur Grundlage zahlreicher Arzneien gegen vielerlei Beschwerden, die in der Kolonie verbreitet waren, während man Teebaum als wirkungsvolles »Buschheilmittel« gegen alle möglichen Arten von Entzündungen einsetzte. Die Siedler lernten allmählich auch die Heileigenschaften anderer einheimischer Pflanzen wie Sarsaparille, Frauenhaarfarn und Myrte schätzen. In diesem Sinne förderlich wirkte Denis Considen als erster praktischer Arzt der Kolonie, der sich sehr für die lokale Flora hinsichtlich ihres Heilpotentials interessierte.

Doch die mangelnde botanische oder medizinische Ausbildung des größten Teils der frühen Forschungsreisenden und Siedler brachte Schwierigkeiten bei der zuverlässigen Bewertung der einzelnen Arten und folglich auch bei ihrer Akzeptanz außerhalb Australiens mit sich. Weitere Probleme ergaben sich, weil man der Auffassung war, daß man nur aus den Pflanzen, die botanisch nahe mit den bekannten heimatlichen Heilpflanzen verwandt waren, neue und wirkungsvolle Arzneien entwickeln konnte. Im Jahre 1790 zum Beispiel erwähnte John White, oberster Arzt der Kolonie, lobend die Eigenschaften von *Eucalyptus piperita* auf der Grundlage

> *... der sehr großen Ähnlichkeit zwischen dem ätherischen Öl, welches aus seinen Blättern gewonnen wird, und dem der »Pfefferminze« (Menta piperita), die in England wächst.*[3]

In der Tat wurde in Europa den genauen Kenntnissen der Aborigines nur wenig Bedeutung beigemessen, da die meisten Forschungsreisenden sie einfach als »primitive« oder »unzivilisierte« Menschen einstuften, deren Hauptinteresse in der Nahrungsbeschaffung bestünde. Im Unterschied zu vielen europäischen Kräutern, die bereits damals eine lange Geschichte der medizinischen Nutzbarmachung hinter sich hatten, tauchte der Teebaum erst im Laufe des zwanzigsten Jahrhunderts als pharmakologisch nützliche Pflanze im Westen auf – das australische Teebaumöl wurde erstmals 1949 im British Pharmaceutical Codex erwähnt.

2. Frühe medizinische Untersuchungsberichte

Obwohl das Teebaumöl eine späte Aufnahme fand, ist ihm im Verlauf dieses Jahrhunderts durch die Wissenschaft große Aufmerksamkeit zuteil geworden. Dies ist von besonderer Wichtigkeit nicht nur, weil die Untersuchungsergebnisse dafür gesorgt haben, daß dem Öl auch in orthodoxen Medizinerkreisen die Glaubwürdigkeit zugebilligt wurde, die es verdient, sondern auch, weil das Öl ein beeindruckendes Beispiel dafür liefert, wie Folklore und volkstümliche Anwendung durch wissenschaftliche Untersuchungen bestätigt und beglaubigt wurden.

Die erste wissenschaftliche Untersuchung dieser Art wurde 1923 von Dr. A. R. Penfold, einem australischen Regierungschemiker, durchgeführt. In einer Studie untersuchte er die Blätter des Teebaums und fand heraus, daß sie ein ätherisches Öl enthalten, welches eine dreizehnmal höhere antiseptische und bakterizide Wirkung besitzt als Karbolsäure, damals der allgemeingültige Vergleichsstoff. Als Penfold 1925 seine Ergebnisse vor der Royal Society of New South Wales vortrug, rief er damit großen Enthusiasmus unter seinen Medizinerkollegen hervor, und man ging ohne Umschweife dazu über, seine »Entdekkung« zur Anwendung zu bringen. Im Verlauf der nächsten paar Jahre wurde Teebaumöl auf allgemeinärztlicher Basis als antiseptisches, antibakterielles Mittel bei der Behandlung einer Reihe von Beschwerden erprobt und besonders bei Sepsis, eiterigen Entzündungen und verschmutzten Wunden erfolgreich eingesetzt. 1930 erschien unter dem Titel »Ein neues australisches keimtötendes Mittel« der Artikel eines gewissen E. M. Humphrey in *The Medical Journal of Australia*, in dem dieser behauptet:

Die Resultate, die bei einer ganzen Reihe unterschiedlicher Beschwerden erzielt werden konnten, waren äußerst ermutigend. Eine auffallende Besonderheit war die Eiterauflösung und vollständige Oberflächenreinigung infizierter Wunden, was eine größere Wirksamkeit der keimtötenden Eigenschaften zuließ, ohne dabei offenbar irgendwelche Gewebe zu zerstören. Das ist etwas vollkommen Neues, da alle wirkungsvollen Germizide mit den Bakterien zugleich auch Gewebe zerstören.[1]

Darüber hinaus stellte Humphrey fest, daß sich Teebaumöl hervorragend als antiseptisches Mundwasser eignet und daher vor allem für die Zahnheilkunde und bei Entzündungen im Nasenrachenraum nützlich ist. Auch fand er heraus, daß das Öl vorzügliche desodorierende Eigenschaften besitzt und bei Typhusbazillen sechzigmal mehr desinfizierend wirkt als herkömmliche Seife.

Ein australischer Zahnarzt, den die Forschungsergebnisse von Penfold und Humphrey beeindruckt hatten, entschloß sich, Teebaumöl für seine eigene Arbeit zu erproben:

Nachdem ich es bei mehreren Tests zur Anwendung gebracht habe, bin ich davon überzeugt, daß wir mit Ti-trol [Teebaumöl] und Melasol [eine lösliche Form] über ein Antiseptikum verfügen, welches viel eher dem Ideal entspricht als jedes andere Mittel, das ich speziell für unsere Arbeit bisher eingesetzt habe; und in der allgemeinen Chirurgie sollte es von noch höherem Wert sein.[2]

In den folgenden Jahren wurden viele Studien mit Teebaumöl in den unterschiedlichsten Anwendungsbereichen durchgeführt und ihre Ergebnisse weltweit in der medizinischen Fachpresse veröffentlicht: Zunächst örtlich in *The Medical Journal of Australia, The Australian Journal of Dentistry* und in *The Australian Journal of Pharmacy*; dann, als sich der Ruf des Öls auch im Ausland verbreitete, in *The Journal of the National Medical Association* (USA) und in *The British Medical Journal.* 1936 berichtete *The Medical Journal of Australia* von der erfolgreichen Behandlung eines schweren Falls von diabetischer Gangrän mit einer wäßrigen Suspension des Öls. Ein besonderes Interesse galt dabei folgenden Punkten:

- Ungewöhnliche Verbreitung der Gangrän,
- Heilung der Wunde ohne Eiterbildung,
- Umbildung von Schorf und nekrotischem Knochengewebe unter antiseptischer Behandlung,
- Vermeidung von Wundreizung beim Verbinden,
- Minimaler Bedarf aseptischer Anwendungen.[3]

Andere Berichte aus der ganzen Welt bestätigten die Wirksamkeit vom Teebaumöl bei Hals- und Mundentzündungen und bei gynäkologischen Störungen wie auch bei vielen durch Parasiten und Pilze hervorgerufenen Hautveränderungen. 1937 wurde bestätigt, daß die keimtötenden Eigenschaften des Öls durch Blut, Eiter und anderes abgestorbenes Gewebe um zehn bis zwölf Prozent gesteigert wurden.

Gegen Ende der dreißiger Jahre hatte Teebaumöl den Ruf, ein natürliches »Wundermittel« zu sein – der Wert des Öls wurde so hoch eingeschätzt, daß es bei Ausbruch des Zweiten Weltkriegs zum Standard in der Erste-Hilfe-Ausrüstung von Armee und Marine wurde, vor allem für jene Einheiten, die in tropischen Regionen stationiert waren. Große Mengen des Öls kamen während des Krieges auch in Munitionsfabriken zur Anwendung, wo es (zu etwa einem Prozent) mit dem Maschinenöl von Metallschneidegeräten vermischt wurde und so Hautverletzungen durch Feilspäne reduzieren half.

Doch die außerordentliche Popularität, derer sich das Teebaumöl während dieser Zeit erfreute, hielt nicht an. Mit dem Vormarsch der synthetische Medikamente produzierenden Pharmaindustrie fiel Teebaumöl in Ungnade, da die herrschenden medizinischen Kreise sich ebenso wie die Öffentlichkeit auf der Suche nach neuen »Wunderheilmitteln« den von Menschen erzeugten chemischen Arzneien zuwendeten.

3. Spätere Beweise

Nach dem Zweiten Weltkrieg, als neue synthetische Germizide entwickelt wurden, geriet der medizinische Nutzen reinen Teebaumöls fast völlig in Vergessenheit – außer in Australien, wo es auch weiterhin ein beliebtes Buschheilmittel blieb. Erst im Verlauf der sechziger Jahre wurde natürlichen Arzneien wieder viel Aufmerksamkeit zuteil, weil das Bewußtsein und die Sorge in bezug auf die gefährlichen Nebenwirkungen vieler neuer Medikamente und ihre ziemlich dubiosen finanziellen und umweltschädlichen Konsequenzen stiegen. Während der folgenden Jahre wurde eine Reihe von Studien zur Wirksamkeit von Teebaumöl unter allen möglichen Bedingungen durchgeführt, wenn auch die konkretesten Befunde erst vor kurzem ans Licht der Öffentlichkeit gelangt sind. Die im folgenden geschilderten Fälle stellen die wichtigsten »Meilensteine« der dokumentierten Ergebnisse dar:

1960

Dr. Henry Feinblatt berichtete in der amerikanischen Fachzeitschrift *The Journal of the National Medical Association*, daß er reines Teebaumöl zweimal täglich angewendet hatte, um damit fünfundzwanzig Fälle von Furunkulose mit großem Erfolg zu behandeln. Nach acht Tagen war in fünfzehn Fällen eine vollständige Heilung eingetreten, sechs Furunkel hatten sich auf weniger als die Hälfte ihrer ursprünglichen Größe verkleinert, drei waren deutlich kleiner geworden, und nur eines bedurfte eines Einschnitts. Er schloß daraus, daß Teebaumöl »schneller zur Heilung ohne Narbenbildung führt als konservative Behandlungsformen«.[1]

Anfang der sechziger Jahre

Dr. E. F. Peña leitete eine klinische Untersuchung an hundertdreißig Frauen, die unter unterschiedlichen Arten von Scheidenentzündungen litten, darunter Trichomoniasis, Soor und Zervizitis. Indem er sich einer emulgierten vierzigprozentigen Lösung reinen Öls der *Melaleuca alternifolia* bediente, erreichte er in allen Fällen eine Genesung. Sein zusammenfassendes Urteil lautete wie folgt:

> *Es hat sich herausgestellt, daß das Öl des australischen* Melaleuca alternifolia *außerordentlich wirkungsvoll in der Behandlung von Trichomoniasis, Candidamykose, Zervizitis und chronischem Zervixkatarrh ist. ... Tägliche Vaginalduschen mit 0,4 Prozent des Öls in einem knappen Liter Wasser aufgelöst erwiesen sich als sicher und effektiv in der Behandlung der genannten Scheidenentzündungen.*[2]

1972

Dr. M. Walker leitete eine Studie verschiedener Fußerkrankungen, darunter Tinea pedis, Fußpilz, Hühneraugen unter den Zehennägeln und Verhornungen. Von den sechzig Patienten, die mit reinem Teebaumöl behandelt worden waren, wurden achtundfünfzig in einer Zeit, die zwischen drei Wochen und sechs Jahren lag, geheilt. Bei achtunddreißig dieser achtundfünfzig Patienten waren die Resultate ausgezeichnet und bei zwanzig von ihnen noch immer recht wirkungsvoll.[3]

Anfang der achtziger Jahre

Professor Paul Belaiche von der Phytotherapeutischen Abteilung an der medizinischen Fakultät der Universität von Paris führte eine Serie von Versuchen mit Teebaumöl durch. Eine seiner Studien befaßte sich mit achtundzwanzig Frauen, die unter der Scheidenentzündung Soor, ausgelöst durch *Candida albicans*, litten. In einundzwanzig Fällen stellte sich nach einer dreißigtägigen Behandlung mit Teebaumöl (in Form von Vaginalzäpfchen, die jeden Abend eingeführt wurden) eine vollkommene Genesung ein. Die verbleibenden sieben Patientinnen galten klinisch, jedoch nicht biologisch geheilt.

In einer zweiten Studie wurde eine Gruppe von sechsundzwanzig Frauen, die an chronischer Blasenentzündung erkrankt waren, einem Doppelblindtest unterworfen: Dreizehn Frauen wurde täglich vierundzwanzig Milligramm Teebaumöl (drei Einheiten von acht Milligramm vor den Mahlzeiten) gegeben, während die übrigen dreizehn ein Plazebo erhielten. Nach sechs Monaten waren sieben von dreizehn Frauen aus der ersten Gruppe geheilt, jedoch keine aus der zweiten Gruppe. Belaiche verwendete auch reines Teebaumöl, um eine Reihe von Pilzinfektionen zu behandeln, wie zum Beispiel Nagelbettentzündungen und Paronychie, aber auch andere Hautkrankheiten wie Akne und Impetigo, durchweg mit guten Resultaten.[4]

1983

Die nationalen australischen ernährungswissenschaftlichen Labors – »The Associated Foodstuff Laboratories of Australia« – veranlaßten eine Untersuchungsreihe zur Hautsterilisation mit Teebaumöl. Indem das ätherische Öl direkt auf die ungewaschenen Hände aufgetragen wurde, reduzierte sich die Anzahl der Bakterien von dreitausend auf drei pro fünfzig Quadratzentimeter! Zum Vergleich dazu belief sich die Bakterienzahl von in destilliertem Wasser gewaschenen Händen auf zweitausend pro fünfzig Quadratzentimeter.

1990

Professor R. S. C. Barnetson führte an der Sydney University eine Studie an hundertvierundzwanzig Studenten durch, um die Wirksamkeit und Hautverträglichkeit eines fünfprozentigen Teebaumölgels in der Behandlung von leichter bis mäßiger Akne im Vergleich zu einer fünfprozentigen Benzoylperoxidlösung (ein weitverbreitetes Mittel bei der Akne-Behandlung) zu überprüfen. Die Resultate deuteten darauf hin, daß das Teebaumölgel zwar langsamer seine Wirksamkeit entfaltete, jedoch über einen längeren Zeitraum ebenso effektiv wirkte wie die Benzoylperoxidlösung – mit dem zusätzlichen Vorteil, daß es weniger harte Nebenwirkungen zeigte. Die Forscher kamen zu dem Schluß, daß eine höhere Konzentration des Teebaumöls dessen Aktivitäten sogar noch schneller entfalten könnte als die Benzoylperoxidlösung – ohne schädliche Nebenwirkungen zu verursachen.[5]

1991

Dr. Blackwell, Mitglied des »Department of Genitourinary Medicine« in Swansea (Wales), berichtete vom Fall einer Patientin, die unter einer Scheidenentzündung litt und beschloß, sich mit Hilfe eines Vaginalpessars (zweihundert Milligramm vermischt mit Pflanzenöl) selbst zu kurieren, anstatt sich der pharmazeutischen Standardbehandlung mit Metronidazol zu unterziehen. Nach fünf Tagen war die Infektion verschwunden und der Beweis erbracht, daß Teebaumöl bei der Behandlung von bakterieller Scheidenentzündung eine sichere, ungiftige Alternative zur üblichen, durch Antibiotika erreichten Heilung ist, insbesondere im Falle einer Schwangerschaft.[6]

1991

Eine allgemeiner gehaltene Studie wurde 1991 von A. Shemesh und W. L. Mayo in San Juan Capistrano (Kalifornien) über einen Zeitraum von sechs Monaten durchgeführt. Hier wurde das ätherische Öl des Teebaums als Öl, Creme oder Pastille eingesetzt, um eine Reihe unterschiedlicher Beschwerden zu heilen, darunter Akne, Candidamykose des Mund-Rachen-Bereichs,

Candidaausschlag, nichtspezifische Dermatitis, Ekzeme, Mundgeschwüre, Pusteln, Herpes labialis, pilzbedingte Nagelbettentzündungen und Tinea pedis, crusis und barbae. Die Testgruppe bestand aus achtzehn Männern, dreißig Frauen und zwei Kindern; von all diesen Patienten zeigte sich nur ein einziger – der unter Ekzemen litt – gegen die Behandlung resistent. Alle anderen wurden geheilt oder erreichten doch eine wesentliche Verbesserung ihres Zustandes. Shemesh und Mayo kommen zu dem Schluß:

> *Teebaumöl stellt eine natürliche, kostengünstige und wirkungsvolle Alternative zu den augenblicklich gegen die in dieser Studie beschriebenen Krankheitsbilder verabreichten Medikamente dar. Es ist sicher, leicht zugänglich, und sein Nebenwirkungsprofil ist den meisten Produkten, die zur Zeit bei diesen medizinischen Problemen verschrieben werden, weit überlegen.*[7]

4. Herstellung, chemische Zusammensetzung und Qualitätskontrolle

Aufgrund seines schnell wachsenden guten medizinischen Rufs ist die Gewinnung von Teebaumöl aus der *Melaleuca alternifolia* zu einem expandierenden Industriezweig von internationaler Bedeutung geworden. Wurde das gesamte ätherische Öl zunächst aus den wilden Bäumen, die in einer kleinen Region in New South Wales wachsen, gewonnen, so ist daraus inzwischen eine weltweite Unternehmung geworden.

In den fünfziger Jahren waren nur mehr drei Destillen im Bereich des Bungawalbyn Tals in Betrieb – eine sumpfige Gegend, in der ausgedehnte Gehölze der *Melaleuca alternifolia* in wildem Zustand vorkommen. Weil das Gebiet so unzugänglich war, wurde die Ernte zu Fuß von einzelnen Arbeitskräften durchgeführt, die lediglich einen Sack aus Rupfen und ein scharfes Messer mit sich führten. Die Nebentriebe des Baums werden bis zu einer Höhe von zwei Metern über dem Boden abgeschnitten und die Blätter hernach von den Zweigen gestreift. Ein guter Erntearbeiter konnte täglich einen Ertrag von bis zu einer Tonne Blätter erzielen; seinen gefüllten Sack brachte er direkt zu der Destille und leerte ihn in einen großen Bottich oder in ein Faß. Mit Hilfe einer holzbefeuerten Destillieranlage extrahierte man das ätherische Öl mit Dampf aus den Blättern, dann wurde es kondensiert und gefiltert. Etwa eine Tonne Blätter war erforderlich, um sechs bis zehn Kilogramm ätherisches Öl herzustellen – der Ertrag betrug folglich etwa ein Prozent.

Erst in den siebziger Jahren wurde in Bungawalbyn Creek die erste Teebaumfarm mit dem Ziel eingerichtet, Teebaumöl auf kommerzieller Basis herzustellen. Dennoch wurde bis 1988 der größte Teil des Teebaumöls auf traditionelle Weise geerntet und hergestellt.

Heute beruht die Produktion wegen der zunehmenden weltweiten Nachfrage auf immer zahlreicheren Plantagen und ausgeklügelten Verfahren. Seit 1988 wurden mehrere große Pflanzungen in unterschiedlichen Anbaugebieten wie zum Beispiel in Nambucca, Taree und Hornsby angelegt. Die Teebaumkultivierung stellt eine neue Herausforderung dar, da in den ursprünglichen Gebieten, wo der Teebaum wild wächst, eine Neupflanzung nicht erforderlich war. Das regelmäßige Stutzen der Bäume schädigt diese nicht einmal, sondern fördert sogar ihr Wachstum. Die gesunden Bäume in Bungawalbyn Creek, die seit über sechzig Jahren abgeerntet werden, bestätigen das. Die jungen Pflanzen, *Ratoon* genannt, benötigen nur anderthalb bis zwei Jahre, um auszuwachsen und erstmals einen Ertrag zu liefern.

Da die Teebaumkultur eine neue Art von Landwirtschaft darstellt, gibt es noch viel über die optimalen Wachstumsbedingungen dieser Gattung zu lernen. Zu beachten sind die Fragen nach dem besten Pflanzabstand der Bäume (um maschinelles Ernten zu ermöglichen), nach der Fortpflanzung mittels Samen oder Ablegern und nach der genauen chemischen Zusammensetzung des Öls.

Teebaumöl von natürlich gewachsenen Bäumen ist eine außerordentlich komplexe Substanz, die sich aus fast einhundert organischen Verbindungen zusammensetzt. Ihre wesentlichen Bestandteile sind Terpinene, Pinene, Cymene, Terpineole, Cineol, Sesquiterpinene und Sesquiterpinenalkohol – doch enthält es auch vier Bestandteile, die nur selten an anderer Stelle in der Natur zu finden sind: Virdifloren (ungefähr ein Prozent), β-Terpineol (0,24 Prozent), L-Terpineol (Spuren) und Allylhexanoat.[1] Abweichungen in der Zusammensetzung und bei den

Verbindungen des ätherischen Öls, welches von besonders ausgewählten Bäumen hergestellt wird, müssen ebenfalls aufmerksam kontrolliert werden. 1948 wiesen Penfold, Morrison und McKern bereits nach, daß der Cineol-Gehalt bei Stichproben von insgesamt neunundvierzig Teebäumen in New South Wales zwischen sechs und sechzehn Prozent schwankte, obwohl die Bäume botanisch nicht voneinander zu unterscheiden waren. Inzwischen weiß man, daß der Cineol-Gehalt im Teebaumöl sogar zwischen zwei und fünfundsechzig Prozent liegen kann! Unterdessen zeigte sich auch, daß der Ölertrag in den Wintermonaten niedriger als in den Sommermonaten ist.

In der Tat hat sich die Standardisierung von Teebaumöl als problematisch erwiesen, da Teebäume, die identischen botanischen Ursprungs sind, ätherische Öle von recht unterschiedlicher Zusammensetzung produzieren können – was sich wiederum auf ihr Heilpotential auswirkt. Dieses Verhaltensmuster ist vielen Aromastoffen eigen – unter anderem auch Thymian, Lavendel und Majoran. Art und Qualität eines ätherischen Öls hängen von Faktoren wie Höhenlage, Jahreszeit und Bodenbeschaffenheit ab.

Wenn aus einer einzigen botanischen Art unterschiedliche Essenzen gewonnen werden können, nennt man diese »Chemotypen«. Diese Chemotypen werden im allgemeinen nach ihren Hauptbestandteilen klassifiziert. Teebaumöl wird beispielsweise nach seinem Cineol-Gehalt (Eucalyptol) und Terpinen-4-ol-Gehalt eingestuft. Cineol hat nützliche medizinische Eigenschaften, insbesondere zur Heilung von Atembeschwerden, aber es kann auf die Schleimhäute und allgemein auf die Haut auch irritierend wirken – was bedeutet, daß Teebaumöl mit einem zu hohen Cineolgehalt für die Behandlung von Wunden, Hautausschlägen usw. nicht zu empfehlen ist. Der ausschließliche Gebrauch von Teebaumöl mit geringem Cineolgehalt wurde in einer Reihe von Untersuchungen hervorgehoben, insbesondere in jenen von Penfold und Morrison (1946), Günther (1950) und Lassak und McKarthy (1983). Diese Faktoren wurden als Grundlage für die Standardisierung durch den British Pharmaceutical Codex (1949) und die Standards Association of Australia (1967, 1985) herangezogen.

Der australische Standard für das Öl der *Melaleuca alternifolia* schreibt vor, daß der Terpinen-4-ol-Gehalt des Öls über dreißig Prozent und der Cineol-Gehalt unter fünfzehn Prozent liegen müssen. Ein Teebaumöl höchster Qualität sollte jedoch einen maximalen Cineol-Gehalt von fünf Prozent und einen minimalen Terpinen-4-ol-Gehalt von fünfunddreißig bis vierzig Prozent aufweisen. Da der Bedarf an Teebaumöl zugenommen hat, wurde es zunehmend Gegenstand von Verfälschungen, im allgemeinen durch Zusatz von Cineol – dem Hauptbestandteil von Eukalyptusöl, der diesen charakteristischen kampferähnlichen Geruch verleiht. Ein Teebaumöl, das auf diese Weise verfälscht wurde, kann an seinem süßlichen, leichten Aroma und an seiner hervorstechenden Kampfernote erkannt werden. Heutzutage werden die Bestandteile des Teebaumöls mit Hilfe eines Gaschromatographen gemessen – jede Säule in der graphischen Darstellung demonstriert die Menge der einzelnen Bestandteile. Ein in seinen Bestandteilen ausgeglichenes und frisches Teebaumöl hoher Qualität sollte sich in etwa wie folgt zusammensetzen:

- Alpha-Pinen 2,5 Prozent
- Alpha-Terpinen 9,1 Prozent
- Para-Cymen 3,9 Prozent
- 1,8-Cineol 4,3 Prozent
- Gamma-Terpinen 24,6 Prozent
- Alpha-Terpineol 2,3 Prozent
- Terpinen-4-ol 42,1 Prozent
- Terpinolen 4,1 Prozent

Es ist interessant festzustellen, daß keine dieser Substanzen für sich allein besonders wirkungsvoll ist. Nur in der Kombination – »synergetisch« – erreichen die Stoffe ihre höchste Heilkraft. Dies ist eine Qualität, die vielen ätherischen Ölen zu eigen ist und bei der das einzigartige Gleichgewicht der Bestandteile, die Spurenelemente mit eingeschlossen, zu der Gesamtwirksamkeit der Essenz beiträgt. Diese Tatsache erklärt auch, warum synthetisch hergestellte Produkte oder »naturidentische« Öle nicht mit den Eigenschaften der Originale mithalten können, da es außerordentlich schwer ist, die komplizierten und mannigfaltigen Mischungen der Natur nachzuahmen.

Detaillierte Untersuchungen zu den genauen Eigenschaften unterschiedlicher Teebaumölarten werden derzeit durchgeführt, um die geeignetste Zusammensetzung für bestimmte medizinische Anwendungen herauszufinden. Je raffinierter die Teebaumölindustrie wird, desto wahrscheinlicher ist es, daß für alle Beschwerden bestimmte Öle vorliegen werden – zum Beispiel könnte die ideale Zusammensetzung für die Pilzbekämpfung nicht mit jener für die beste bakterielle Abwehr übereinstimmen. In bezug auf Candidamykose hat man etwa herausgefunden, daß die Wirksamkeit des Öls abnimmt, wenn der Gehalt von Alpha-Terpinen, Gamma-Terpinen, Terpinolen und Terpinen-4-ol ab- und der Gehalt an Cineol, Limonen und Alpha-Terpineol zunimmt.

Achtung: Siehe Anhang für einen detaillierten Überblick über die Bestandteile des Teebaumöls.

5. Zusammenfassung der Eigenschaften und Anwendungsmöglichkeiten des Teebaumöls

Aufgrund seiner einzigartigen Zusammensetzung hat Teebaumöl eine Reihe von bemerkenswerten Eigenschaften, die in einem großen Beschwerdespektrum wirkungsvoll anwendbar sind. Was Teebaumöl von anderen Heilmitteln unterscheidet – gleichzeitig seine hervorstechendste Eigenschaft –, ist die Tatsache, daß sich seine Wirkung auf alle drei Arten von infektiösen Organismen erstreckt: Bakterien, Pilze und Viren. Voneinander unabhängig durchgeführte mikrobiologische Tests haben die Effizienz des Teebaumöls im Einsatz gegen ein weites Feld von Mikroorganismen bestätigt, darunter insbesondere:

- *Grampositive Bakterien:* Staphylococcus aureus, Staphylococcus epidermidis, Staphylococcus pneumoniae, Staphylococcus faecalis, Staphylococcus pyrogenes, Staphylococcus agalactiae, Propionibacterium acnes, beta-hämolysierender Streptococcus.
- *Gramnegative Bakterien:* Escherichia coli, Klebsiella pneumoniae, Citrobacter, Shigella sonnei, Proteus mirabilis, Legionella pneumophila, Pseudomonas aeruginosa.
- *Pilze:* Trichophyton mentagrophytes, Trichophyton rubrum, Aspergillus niger, Aspergillus flavus, Candida albicans, Microsporum canis, Microsporum gypseum, Thermoactinomycetes vulgaris.

Die Wirksamkeit des Teebaumöls bei der Bekämpfung von Infektionen wird gesteigert durch seine Fähigkeit, das Immunsystem zu stimulieren. Wenn der Körper durch irgendeinen der genannten Organismen bedroht wird, mobilisiert das Teebaumöl die körpereigenen Abwehrkräfte, die dafür sorgen, daß er sich selbst schützt und entsprechend reagiert. Die wichtigsten Eigenschaften des Teebaumöls können daher als antiseptisch/bakterizid, antimykotisch, antiviral und immunstimulierend zusammengefaßt werden. Weiter unten werfen wir auch einen detaillierten Blick auf seine sekundären Eigenschaften.

Antiseptisch/bakterizid

Diese Eigenschaft macht das Teebaumöl besonders zum Einsatz bei Erste-Hilfe-Maßnahmen geeignet – etwa bei der Behandlung von Schnittwunden, Verbrennungen, Insektenstichen, entzündeten Wunden mit Splittern und allen möglichen anderen Arten von Verletzungen (insbesondere jene, die verschmutzt und eitrig sind). Als Antiseptikum ist Teebaumöl auch für die allgemeine Hautpflege wertvoll, vor allem dann, wenn es sich um Pickel, Akne, Mitesser usw. handelt. Als Desinfektionsmittel eignet es sich bei Atemwegserkrankungen oder Beschwerden im Urogenitalsytem (wie beispielsweise Bronchitis, Nasennebenhöhlenentzündungen oder Blasenentzündungen).

Antimykotisch

Die ausgezeichneten antimykotischen Qualitäten des Teebaumöls machen seine Wirkung bei der Behandlung einer Reihe von Pilzerkrankungen aus, zu denen Trichophytie, Tinea pedis und Soor (Candidamykose) gehören. Auch zur Pilzbekämpfung bei Tieren, Fischen und Pflanzen ist es erfolgreich eingesetzt worden.

Antiviral

Viren sind jene Offensivorganismen, die für einen Großteil der epidemischen Krankheiten verantwortlich sind. Als besonders kraftvolles antivirales Agens kann Teebaumöl viele weitverbreitete Infektionskrankheiten bekämpfen wie zum Beispiel Masern, Windpocken, Grippe, Erkältungen und Gürtelrose oder auch Herpes labialis, Sohlenwarzen und gewöhnliche Warzen.

Immunstimulierend
In diesem Zusammenhang ist Teebaumöl von besonderem Wert als *vorbeugendes* Mittel – zur Unterstützung des Körpers im Kampf gegen alle möglichen Infektionen. Dies ist besonders dann von Bedeutung, wenn der Körper bereits in einem geschwächten Zustand ist, der entweder durch Streß, Krankheit oder durch den Gebrauch von Antibiotika oder anderer Medikamente, welche die natürliche Widerstandskraft des Körpers reduziert haben, hervorgerufen wurde. Teebaumöl hat sich besonders für jene Menschen als nützlich erwiesen, die zum Beispiel vor einem chirurgischen Eingriff stehen oder unter einer chronischen beziehungsweise lang anhaltenden Krankheit wie Pfeiffer-Drüsenfieber oder Hepatitis leiden und Stärkung benötigen. Auch die mögliche Anwendung bei Aids wird zur Zeit untersucht.

Sekundäre Eigenschaften
Teebaumöl besitzt einige zusätzliche – sekundäre – Eigenschaften:

Seine Bedeutung als äußerlich anzuwendendes Mittel bei Hautbeschwerden (darunter Schnittwunden, Verbrennungen und Prellungen) wird noch gesteigert durch seine *entzündungshemmenden, schmerzmindernden* und *heilenden* Fähigkeiten.

Teebaumöl dient auch als wirkungsvolles *Parasitizid* und *Insektizid* – es erweist sich als nützlich gegen zahlreiche Plagen, darunter Läuse, Krätze, Moskitos usw.

Es besitzt eine *diaphoretische* (schweißtreibende) Wirkung, löst also auch die eigenen, natürlichen, vorbeugenden Reaktionen des Körpers aus, wenn er sich von einer Infektion bedroht sieht.

Schließlich stimuliert Teebaumöl das *Aushusten* und wirkt *balsamisch*, was insbesondere im Zusammenhang mit Hals- oder Brusterkrankungen sehr wohltut, und es besitzt einen allgemein beruhigenden und klärenden (schleimlösenden) Einfluß auf das gesamte Atemwegssystem.

6. Anwendungsmethoden, Vorsichtsmaßnahmen und Aufbewahrungshinweise

Anwendungsmethoden

Teebaumöl als Badezusatz
Sobald die Badewanne gefüllt ist, setzen Sie dem Badewasser acht bis zehn Tropfen zu; entspannen Sie sich danach mindestens zehn Minuten lang in der Wanne.

Um Hände oder Füße zu baden, genügen sechs bis acht Tropfen Teebaumöl in einem Eimer oder kleinen Becken, in das Sie Ihre Hände oder Füße fünf bis zehn Minuten eintauchen.

Als Kompresse oder Packung
Eine einfache desinfizierende Kompresse erhält man, indem man einen Waschlappen oder einen Wattebausch in einen Behälter voller Wasser taucht (kochend heiß oder eiskalt, je nach Bedarf), dem man drei bis fünf Tropfen Teebaumöl hinzugefügt hat. Eine Packung, um Eiter aus einem Abszeß oder einer durch einen Splitter verursachten Verletzung zu ziehen, erhält man, indem man einige Tropfen Teebaumöl mit Tonerde oder Kaolin gut miteinander vermengt.

Direkte Anwendung
Benutzen Sie das Öl direkt aus der Flasche, um mit der Fingerspitze oder einem Wattebausch einen Schnitt, eine Verbrennung, Herpes labialis oder ähnliche Beschwerden zu behandeln.

Anmerkung: Nur wenige Menschen reagieren auf die direkte Anwendung von reinem Teebaumöl mit gereizter Haut; sollte jedoch eine Hautreizung auftreten, so baden Sie die Stelle in kaltem Wasser, und verwenden Sie in Zukunft nur noch verdünnte Lösungen (oder verzichten ganz auf die direkte äußerliche Anwendung).

Gurgeln und Zahnpflege
Für die Behandlung von Mundgeschwüren, Halsschmerzen, Mundgeruch oder anderen Mund- und Zahnfleischinfektionen geben Sie fünf bis zehn Tropfen Teebaumöl in ein Glas mit warmem Wasser, rühren gut um, spülen dann den Mund damit aus und/oder gurgeln.

Inhalation
Geben Sie bis zu acht Tropfen auf ein Papier- oder Stofftaschentuch, und atmen Sie tagsüber durch diesen Filter ein und aus (für die Nacht können Sie ein paar Tropfen auf Ihr Kopfkissen geben). Bei Atembeschwerden empfiehlt sich eine Dampfinhalation, für die Sie etwa fünf Tropfen Teebaumöl in eine Schüssel mit dampfend heißem Wasser geben. Halten Sie Ihren Kopf über die Schüssel, decken Sie ihn mit einem Handtuch ab, und atmen Sie ungefähr fünf bis zehn Minuten lang mit geschlossenen Augen tief durch. Dampfinhalationen wirken auch wie eine Art Gesichtssauna – solcherart angewendet, hilft Teebaumöl, verstopfte Poren zu öffnen und die Haut von Akne, Pickeln und Mitessern zu reinigen.

Massage
Bevor Teebaumöl zu Massagezwecken auf die Haut aufgetragen werden kann, muß es wie andere ätherische Öle zunächst mit einem leichten pflanzlichen Öl als Basis- oder Trägersubstanz vermischt werden. Hierzu eignet sich Mandel-, Jojoba- oder Traubenkernöl, obgleich auch Soja- oder Sonnenblumenöl diese Aufgabe erfüllen können. Für Jojobaöl spricht, daß es als flüs-

siges Wachs nicht ranzig wird; werden die anderen genannten Öle verwendet, so sollte ihnen etwas Weizenkeimöl zugegeben werden, um ihre Lebensdauer zu verlängern. Die Verdünnung sollte im Bereich von zwei oder drei Prozent liegen, obwohl manchmal fünf Prozent für eine konzentriertere Wirkung wie etwa bei Muskelschmerzen empfehlenswert sein kann.

Als grobe Richtlinie geht man davon aus, daß zwanzig Tropfen Teebaumöl ungefähr einem Milliliter entsprechen. Eine einfache Methode, das korrekte Mischungsverhältnis zu erzielen, besteht also darin, das Basisöl in Millilitern zu messen und dann ungefähr die Hälfte dieses Betrags als Tropfenzahl zuzugeben, um eine zweieinhalbprozentige Lösung zu erhalten:

100 ml Basisöl	50 Tropfen ätherisches Öl
50 ml Basisöl	25 Tropfen ätherisches Öl
1 EL (ca. 15 ml) Basisöl	7–8 Tropfen ätherisches Öl
1 TL (ca. 5 ml) Basisöl	2–3 Tropfen ätherisches Öl

Haarwaschmittel und Haarpflege

Bei den meisten im Handel erhältlichen Teebaum-Shampoos und -Seifen ist eine drei- bis vierprozentige Lösung aus verdünntem Teebaumöl üblich. Sie können sich auch ein gutes pH-neutrales Shampoo kaufen und ihm selbst Teebaumöl beifügen: Auf eine Hundert-Milliliter-Flasche sollten etwa sechzig Tropfen kommen. Damit desinfizieren Sie Ihre Haare und beugen Läusen und Schuppen vor oder befreien sich davon.

Ein auf Alkohol basierendes Haarwasser kann hergestellt werden, indem Sie fünf Milliliter Teebaumöl in hundert Milliliter Wodka geben – damit ist es ebenfalls möglich, Flöhe und Läuse wirkungsvoll zu bekämpfen. Denken Sie jedoch daran, daß Sie bei leicht reizbarer Haut keinen Alkohol verwenden sollten.

Sitzbad und Dusche

Bei vaginalen Beschwerden oder bei Entzündungen im Urogenitalbereich geben Sie ein paar Tropfen Teebaumöl in eine niedrige Wanne mit warmem Wasser und baden den betroffenen Bereich darin.

Hautbehandlung: Creme, Gel, Lotion, Masken und Körperlotion

Das Mischungsverhältnis für Hautcremes, Gels, Masken und Körperlotionen ist das gleiche wie jenes für Massagezwecke – siehe Seite 40.

Eine leichte Lotion auf Wasserbasis kann aus hundert Millilitern destilliertem Wasser und fünfundzwanzig Tropfen Teebaumöl bestehen – schütteln Sie gut, bevor Sie die Lotion anwenden. Für manche Beschwerden (wie zum Beispiel Herpes labialis und Tinea pedis) ist es günstiger, eine Lotion auf Alkoholbasis zu verwenden, weil diese zugleich auch austrocknend wirkt. Geben Sie sechs Tropfen Teebaumöl in fünf Milliliter reinen Wodka. Das Gemisch ist mit einem Liter gekochtem und anschließend abgekühltem Wasser weiter zu verdünnen, wenn damit Schnittwunden und schmerzhafte Stellen behandelt werden sollen, wie sie etwa bei Windpocken auftreten.

Verdampfung

Viele Möglichkeiten zur Verdampfung von ätherischen Ölen stehen zur Wahl – Sie können auf eine Duftlampe zurückgreifen oder auf einen elektrischen Luftbefeuchter oder aber einfach eine Schale mit heißem Wasser und einigen Tropfen Teebaumöl auf einen Heizkörper oder eine andere Hitzequelle stellen. Diese Methode ist besonders wirkungsvoll, wenn Sie ein Krankenzimmer desinfizieren und die Verbreitung einer ansteckenden Krankheit verhindern wollen. Auf diese Weise können Sie mit Teebaumöl auch Insekten vertreiben.

Weitere Maßnahmen
Bei vielen Beschwerden ist die Kombination von Aromatherapie mit anderen Maßnahmen wie Kräutermedizin, Akupunktur, Gesprächstherapie, Ernährungsumstellung und sportlichen Aktivitäten hilfreich. Auch ätherische Öle und allopathische Medizin können einander ergänzen – suchen Sie den Rat eines erfahrenen Pflanzenheilkundigen oder eines Aromatherapeuten.

Vorsichtsmaßnahmen

Der Teebaum und sein Öl sind im allgemeinen ungiftig, nichtreizend und nichtsensibilisierend. Das Öl zerstört nicht die gesunde Haut, sondern lediglich die Krankheitserreger. Gelegentlich ist es zu einer Sensibilisierung gegenüber Teebaumöl gekommen, außergewöhnlich empfindliche Haut verlangt vielleicht eine Verdünnung des reinen Öls oder möglicherweise auch einen kompletten Verzicht darauf. In einem Fall, der 1992 publik wurde, behandelte man eine Frau mit atopischer Dermatitis unter Anwendung von reinem Teebaumöl, das direkt auf die Haut aufgetragen wurde.[1] Als sich der Zustand der Patientin verschlechterte, wurde die orale Einnahme verschrieben, was jedoch das Problem nur weiter verschlimmerte. Eine Überprüfung ergab, daß es sich bei dem Allergen um Cineol handelte. In einem anderen Fall wurde ein Junge, der unter Tinea pedis litt, mit Teebaumöl behandelt, was jedoch zu einer Verschlechterung des Befundes führte.[2] Später fand man heraus, daß er auf Teebaumöl allergisch reagierte – wahrscheinlich auch hier wegen des Cineol-Gehalts.

Wenn Sie Teebaumöl zum ersten Mal anwenden, sollten Sie zuvor am besten einen Patch-Test durchführen – tragen Sie einfach einige wenige Tropfen des Öls auf Ihren Handrücken auf, und lassen Sie es eine Stunde lang einwirken. Sollten Hautreizungen auftreten, dann baden Sie die Hand in kaltem Wasser, und wenden Sie hinfort Teebaumöl nur in verdünnter Form an oder verzichten Sie ganz darauf.

Bei Babys, Kleinkindern und schwangeren Frauen ist wegen der hohen Konzentration bei allen ätherischen Ölen besondere Vorsicht geboten. Trotz des so geringen toxischen Niveaus ist es dennoch ratsam, Teebaumöl bei Kindern unter achtzehn Monaten nicht in unverdünnter Form zu verwenden; verdünnen Sie es während der Schwangerschaft grundsätzlich auf die Hälfte der sonst üblichen Konzentration.

Haustierhalter sollten an kleinen Tieren ebenfalls kein unverdünntes Teebaumöl benutzen.

Anmerkung: Wie alle anderen ätherischen Öle sollte auch Teebaumöl nicht oral eingenommen werden, außer unter strenger ärztlicher Überwachung; es ist toxisch in einem Ausmaß, daß Grund zur Besorgnis besteht, wenn es von kleinen Kindern in einer Menge von fünf oder mehr Millilitern eingenommen wird.

Aufbewahrungshinweise

Es ist von größter Wichtigkeit, reines Teebaumöl von einer erwiesenermaßen zuverlässigen Quelle zu erwerben, um ein sicheres und wirkungsvolles therapeutisches Resultat zu gewährleisten!

Bei der Aufbewahrung von Teebaumöl ist zu beachten, daß es wie ein Zitrusöl behandelt werden sollte, da es unter Lufteinwirkung zur Oxidation neigt. Der Gamma-Terpinen-Gehalt nimmt ab, und der Para-Cymen-Gehalt nimmt zu. Auch der Terpinen-4-ol-Gehalt – jener mikrobentötende Bestandteil –

reduziert sich, wenn auch nicht so drastisch. Das Öl verliert bei unangemessener Lagerung somit nach und nach seine antibakterielle Wirkung. Es sollte in einem luftdichten dunklen Glasbehälter abgefüllt sein und außerhalb der Beeinflussung durch Licht, Hitze, Kinder und Haustiere gelagert werden. Reines Öl zersetzt bestimmte Plastikarten; daher sollte sorgfältig darauf geachtet werden, mit welchen Substanzen Teebaumöl in Berührung kommt.

TEIL II

Anwendungen zur Pflege der Gesundheit von A bis Z

Abszeß

Siehe Furunkel

Akne/Pickel

Diese unansehnlichen Hautveränderungen werden durch eine Überaktivität der Talgdrüsen hervorgerufen, die insbesondere im Verlauf der Pubertät, der Menopause und in Zeiten hormoneller Veränderungen wie zum Beispiel vor der Menstruation vorkommt.

Eine sehr fettige, verstopfte Haut führt zu einer rauhen Oberflächenstruktur, zu vergrößerten Poren, Pickeln und Mitessern. Dieser Zustand kann durch schlechte Ernährung, Bewegungsmangel, fehlende Hygiene, Streß oder andere emotionale Faktoren noch verschlimmert werden. Peinlich genaue Sauberkeit verhindert, daß sich die Hautunreinheiten noch weiter ausbreiten – waschen Sie Ihr Gesicht sorgsam mit einer parfümfreien pH-neutralen Seife oder mit einer Teebaumölseife.

Die Wirksamkeit von Teebaumöl im Zusammenhang mit Akne wurde durch jüngere Untersuchungen gründlich erforscht (siehe Seite 28).

- Tragen Sie morgens und abends reines Teebaumöl mit einem Wattebausch auf die einzelnen Pickel auf.
- Bereiten Sie eine Lotion zu, für die Sie 100 ml destilliertes Wasser mit 25 Tropfen Teebaumöl mischen. Schütteln Sie sie gut, bevor Sie Ihr Gesicht oder andere betroffene Partien morgens und abends in der Lotion baden.
- Stellen Sie eine nichtfettende Creme oder ein Gel mit 5% Teebaumöl her (siehe Seite 42) oder bedienen Sie sich einer im Handel erhältlichen Teebaumsalbe und verwenden Sie sie zur Reinigung oder um der Haut Feuchtigkeit zu spenden.

- Fügen Sie Ihrem Badewasser, das auch als Gesichtsdampfbad dient, 8–10 Tropfen Teebaumöl hinzu (siehe die entsprechenden Hinweise auf Seite 39).
- Unterziehen Sie sich 3–4mal pro Woche einer Gesichtssauna, für die Sie jeweils 3–5 Tropfen Teebaumöl verwenden (siehe die entsprechenden Hinweise auf Seite 40).
- Andere hilfreiche ätherische Öle: Lavendel, Bergamotte, Geranium.

Arthritis/Gicht

Es gibt unterschiedliche Arten von Arthritis, doch allen ist gemeinsam, daß der Körper nicht in der Lage ist, giftige Abfälle wirkungsvoll auszustoßen. Dies hat zur Folge, daß überschüssige Urinsäure in Form von Kristallen in den Gelenken abgelagert wird. Die beiden häufigsten Arthritisarten sind rheumatische Arthritis, die alle Altersgruppen betreffen kann, und Osteoarthritis, die normalerweise nur bei älteren Menschen vorkommt. In beiden Fällen handelt es sich um Gelenkbeschwerden, die zu Schmerzen, Entzündungen und manchmal zu Verwachsungen führen können.

Gicht wirkt sich im allgemeinen auf die Zehengelenke, doch mitunter auch auf die Fingergelenke aus.

Streß, emotionale Konflikte, Bewegungsmangel und schlechte Ernährung verstärken diese Störungen. Aromatisierte Bäder und Massagen helfen, die giftigen Abfälle aus dem Körper hinauszuschwemmen und Schmerzen zu lindern.

- Bereiten Sie ein Massageöl zu, für das Sie 30 Tropfen Teebaumöl mit 50 ml eines pflanzlichen Basisöls vermischen. Tragen Sie es zweimal täglich auf.
- Fügen Sie Ihrem Badewasser 8–10 Tropfen Teebaumöl hinzu, um für Schmerzlinderung zu sorgen.

- Zur Entzündungshemmung bedienen Sie sich kalter Kompressen aus Tonerde (oder benutzen Sie einen Waschlappen), die Sie mit einigen Tropfen Teebaumöl versetzt haben.
- *Anmerkung:* Es gibt mehrere andere ätherische Öle, die bei Arthritis nützlich sind. *Für die Entgiftung:* Zypresse, Fenchel, Wacholder und Zitrone; *für die Stimulierung zu größerer Beweglichkeit:* Pinie, Rosmarin und Ingwer.

Balanitis

Balanitis ist ein Reizzustand, der sich auf die Spitze des Penis auswirkt; die Erkrankung wird durch den Pilz *Candida albicans* hervorgerufen. Frauen, die an Soor erkrankt sind, eine Infektion, die durch den gleichen Pilz hervorgerufen wird, geben sie im allgemeinen durch Sexualkontakt weiter. Um bei Balanitis und Soor eine Neuinfektion zu verhindern, ist es demnach wichtig, daß männlicher und weiblicher Sexualpartner zugleich behandelt werden, bevor sie ihre sexuelle Beziehung wiederaufnehmen.

- Balanitis kann behandelt werden, indem auf dem betroffenen Bereich 4mal täglich eine 1prozentige Lösung von Teebaumöl in destilliertem Wasser (gut schütteln!) aufgetragen wird.

Siehe auch Candidamykose und Soor

Biß/Stich

Siehe Insektenbiß/-stich

Blasen-/Harnröhrenentzündung

Blasenentzündung oder Zystitis ist eine durch Bakterien hervorgerufene Entzündung, die sowohl bei Frauen als auch bei

Männern vorkommt. Typisch ist ein häufiges Bedürfnis zu urinieren, schmerzhaftes, brennendes Wasserlassen, eingetrübter Urin und manchmal Fiebrigkeit. Viele Blasenentzündungen nehmen ihren Anfang als Harnröhrenentzündung.

In den achtziger Jahren setzte Dr. Paul Belaiche Teebaumöl zur Behandlung von chronischer Blasenentzündung mit beachtlichem Erfolg ein (siehe Seite 26). Aufgrund seiner Forschungsergebnisse kam er zum Schluß:

> *Diese erste klinische Untersuchung macht deutlich, daß das ätherische Öl der* Melaleuca alternifolia *von einer wirkungsvollen Leistungsfähigkeit bei der Behandlung von chronischer, durch Escherichia coli hervorgerufener Zystitis ist. Das Fehlen von Toxizität, die geringe Beeinträchtigung der Schleimhäute, seine ausgezeichnete allgemeine Toleranz und seine hohe keimtötende Kraft … haben uns davon überzeugt, daß wir mit Teebaumöl ein entscheidendes, neues antiseptisches ätherisches Öl für die Aromatherapie vorliegen haben.*[1]

Obwohl in Dr. Belaiches Studie (wie auch in anderen Untersuchungen jüngeren Datums) mit Teebaumöl gefüllte Kapseln zur oralen Einnahme ein Teil der Behandlung waren, können die im folgenden beschriebenen Methoden äußerlicher Anwendung für sich genommen bereits sehr effektiv sein, wenn sie gleich nach den ersten Anzeichen für eine Irritation zum Einsatz gebracht werden.

Anmerkung: Nehmen Sie Teebaumöl nicht ohne ärztliche Überwachung oral ein; wenn die Symptome innerhalb weniger Tage nicht besser werden oder wenn Sie Blut beziehungsweise Eiter im Urin erkennen, dann bemühen Sie sich sofort um ärztliche Hilfe.

- Bereiten Sie sich eine Lösung von 10 Tropfen Teebaumöl in 500 ml abgekochtem und abgekühltem Wasser zu. Benutzen Sie einen Wattebausch oder Gaze, um die Öffnung der Harnröhre so oft wie möglich, am besten nach jedem Wasserlassen, abzutupfen.
- Geben Sie 8–10 Tropfen Teebaumöl in Ihr Badewasser – häufiges Baden, insbesondere unter Verwendung antibakterieller Öle als allgemeine Desinfektionsmittel und Vorbeugemaßnahmen, ist förderlich.
- Mischen Sie sich aus 3 Tropfen Teebaumöl in 1 Teelöffel eines leichten Basisöls (wie zum Beispiel Jojoba- oder Traubenkernöl) ein Massageöl und reiben Sie es in Ihren Unterbauch und unteren Rücken ein. Wiederholen Sie dies mindestens 2mal täglich.
- Weitere Maßnahmen: Trinken Sie reichlich Wasser oder Kräutertees; vermeiden Sie enganliegende Kleidungsstücke und Nylonunterwäsche; machen Sie eine Kur mit Knoblauchkapseln; die ätherischen Öle Bergamotte, Lavendel, Kamille und Sandelholz sind hilfreich, wenn sie in gleicher Weise zum Einsatz kommen wie das Teebaumöl oder in Kombination mit ihm.

Blutsauger

Siehe Zecken

Bronchitis

Bronchitis läßt auf eine Entzündung der Bronchien schließen und ist begleitet von Husten und Schleimbildung. Akute Bronchitis beginnt im allgemeinen mit einer Erkältung oder mit Halsschmerzen und entwickelt sich weiter zu einem Fieberzustand, der mehrere Tage anhält. Chronische Bronchitis ist eine langanhaltende Krankheit ohne Fieber, die durch Rauchen, feuchtes Klima, Luftverschmutzung und schlechte Ernährung (insbesondere zu viele Milchprodukte) verschlimmert wird.

Teebaumöl kann im Kampf gegen die Infektion und bei der Fiebersenkung eine große Hilfe sein und das Abhusten und die Schleimlösung erleichtern. Es unterstützt den Körper bei seiner Abwehrreaktion und verhindert, daß die Entzündung sich weiter ausbreitet.

Anmerkung: Bronchitis kann vor allem bei sehr jungen und bei älteren Menschen zu Komplikationen führen – wenn sich die Situation verschlechtert, sollte sofort ärztliche Hilfe in Anspruch genommen werden.

- Beim Einsetzen der Krankheit werden regelmäßige Dampfbäder verhindern, daß sich die Infektion weiter ausbreitet, und den Husten beruhigen – geben Sie 5 Tropfen Teebaumöl in eine dampfende Wasserschüssel und inhalieren Sie 5–10 Minuten lang.
- Heiße Bäder mit 8–10 Tropfen Teebaumöl fördern das Schwitzen, die natürliche Reaktion des Körpers auf eine Infektion. Darüber hinaus wirken sie ähnlich wie Dampfbäder. Wenn der Krankheitsverlauf fieberig ist, dann achten Sie darauf, das Badewasser kühl zu halten.
- Massieren Sie die Brust, den Rücken und den Hals mit einer 2,5prozentigen Mischung aus Teebaumöl und einem Basisöl oder einer Creme – 3 Tropfen auf 1 Teelöffel Basisöl.
- Benutzen Sie zu Hause einen Luftbefeuchter, vor allem nachts im Schlafzimmer. Einige Tropfen reinen Teebaumöls sollten Sie auf ein Taschentuch geben, um es tagsüber zum Inhalieren zu verwenden.
- Andere nützliche ätherische Öle: Eukalyptus, Lavendel.

Siehe auch Erkältung, Husten, Fieber, Grippe, Nasennebenhöhlenentzündung, Halsschmerzen

Candidamykose

Candidamykose, auch bekannt unter den Bezeichnungen Candidose, Soormykose und Moniliasis, kann auf unterschiedliche Weise zum Ausdruck kommen. Sie wird durch einen hefeähnlichen Pilzerreger namens *Candida albicans* ausgelöst, der in den feuchten, warmen Teilen des Körpers gedeiht, zum Beispiel im Mund, unter den Brüsten, am Penis (Balanitis) und zwischen den Pobacken (kommt vor allem bei Säuglingen als eine Form von Windelausschlag vor). In der am weitesten verbreiteten Variante befällt Candidamykose als Soor den Vaginalbereich, was mit starkem Juckreiz und einem milchig-weißen Ausfluß verbunden ist.

Für Behandlungsmethoden siehe Balanitis, Mund-/Zahnfleischentzündung, Windelausschlag, Soor

Dermatitis/Ekzem

Dermatitis und Ekzem sind allgemeine Begriffe, die benutzt werden, um eine Reihe von Entzündungen und Reizungen der Haut zu beschreiben, die durch Rötung, schuppige Haut, Ausschlag und Juckreiz gekennzeichnet sind und zu Blasenbildung, wunden Stellen und Schorfbildung führen können.

Die Ursachen für diese Probleme können unterschiedlicher Natur sein – obwohl viele Formen von Dermatitis mit erblichen Allergietendenzen in Verbindung gebracht werden, insbesondere mit bestimmten Nahrungsmittelallergien (bemerkenswerterweise vor allem gegen Milch- und Getreideprodukte). Eine andere Art ist Kontaktdermatitis, die eine Folge der Überempfindlichkeit der Haut gegen ein äußeres Reizmittel ist, wie zum Beispiel gegen Reinigungsmittel, Kosmetikartikel oder Staub, Wolle oder irgendeinen anderen Stoff. Es ist oft sehr schwer, die eigentliche Ursache herauszufinden, weil die Reaktion mitunter erst lange Zeit nach dem ursprünglichen Kontakt zutage tritt, oder aber die Haut reagiert plötzlich auf eine langvertraute Substanz allergisch. In allen Fällen jedoch spielen geistiger Streß und andere emotionale Faktoren eine verstärkende oder auslösende Rolle.

Teebaumöl hat sich gegen viele Arten von Dermatitis, darunter Frieselausschlag, Nesselsucht oder Staubmilben als hilfreich erwiesen.

In einem dramatischen Fall war die Haut eines Australiers aufgrund einer extremen Zementstauballergie so dünn und wund geworden, daß der Arzt zur Amputation beider Beine unter dem Knie riet! Dann sah die Frau des betroffenen Mannes im Fernsehen zufällig eine Sendung über Teebaumöl.

> *Ich kaufte davon eine Flasche in meinem Reformhaus, und wir rieben die angegriffenen Bereiche seiner Beine gründlich ein. Innerhalb von 2 Monaten war der Ausschlag vollkommen verschwunden, und bis heute, 11 Monate später, hat es keinerlei Rückfälle gegeben.*

Anmerkung: Weil diese Hautbeschwerden von Mensch zu Mensch so unterschiedlich sein können, ist es vielleicht notwendig, mit unterschiedlichen ätherischen Ölen und Behandlungsformen zu experimentieren. Überprüfen Sie immer sorgfältig, ob eine Sensibilisierung oder irgendeine Art allergischer Reaktion vorliegt, bevor Sie Dermatitis mit Teebaumöl behandeln (siehe Vorsichtsmaßnahmen auf den Seiten 43f. wegen der Beschreibung zur Durchführung eines Patch-Tests).

- Verteilen Sie reines Teebaumöl auf den betroffenen Bereich.
- Bei größeren Flächen bereiten Sie sich ein 1prozentiges Teebaumölgel oder eine nichtölige Creme zu (siehe Seite 42) und tragen Sie 2mal täglich auf.
- Fügen Sie Ihrem Badewasser 8–10 Tropfen Teebaumöl hinzu.

- Weitere Maßnahmen: Versuchen Sie die Ursache für die Irritation herauszufinden und zu beseitigen; überprüfen Sie Ihr emotionales Umfeld und verbessern Sie es, wenn möglich; ätherische Öle wie Kamille, Lavendel, Melisse, Neroli und Bergamotte (bergaptenfrei) sind bei solchen Hautbeschwerden ebenfalls hilfreich – verwenden Sie sie im Bad oder in Cremes und Gels entweder einzeln oder in Kombination miteinander.

Desinfektion

Teebaumöl besitzt ausgezeichnete antiseptische Eigenschaften und kann daher wirkungsvoll als Desinfektionsmittel im Zusammenhang mit Erste-Hilfe-Maßnahmen, doch auch allgemein im Haushalt zur Anwendung kommen. Es ist ideal bei der Behandlung von Schnittwunden, Verbrennungen usw., denn anders als die meisten anderen Desinfektionsmittel brennt es nicht auf der Haut. Eine verdünnte Wasserlösung kann zum Säubern abwaschbarer Oberflächen benutzt werden, und ein paar Tropfen im Wäschewasser sorgen für die Desinfektion von Windeln, Kleidungsstücken, Handtüchern usw. In verdampfter Form eignet sich das Öl zur Desinfizierung von Räumen, daheim oder am Arbeitsplatz, vor allem während oder nach ansteckenden Krankheiten. Teebaumöl wird bereits auf kommerzieller Basis genutzt, um Bakterien und Pilze über Klimaanlagen unter Kontrolle zu bringen. Nachdem eine Firma Teebaumölprodukte auf diese Weise eingesetzt hatte, stellte sie »bemerkenswert weniger Krankheitsfälle aufgrund von Erkältungen und Grippe fest«, und eine andere zeigte sich erfreut über das »Verschwinden von Schimmel und seinen unansehnlichen Flecken an den Wänden, dem unerträglichen modrigen Geruch und dem Befall von Tapeten, Wandfarben und Mobiliar.«[3]

1980 wurde Teebaumöl in Australien als keimtötendes Mittel, das nur aus 4 Teilen ätherischem Öl und 1000 Teilen Wasser bestand, mit großem Erfolg getestet. Nach Auffassung eines australischen Arztes ist es nur eine Frage der Zeit, bis Teebaumöl im Haushalt allgegenwärtig ist:

> *... Sie geben ein wenig Teebaumöl-Desinfektionsmittel in das Wasser, wenn Sie Ihre Kleidungsstücke waschen und so fort. ... Es wird das Antiseptikum der Zukunft sein.*[4]

Untersuchungen an der Universität von Sydney haben zudem ergeben, daß Teebaumöl, wenn es dem normal temperierten Waschwasser zugefügt wird, Staubmilben abtötet – eine Ursache für zahlreiche allergische Reaktionen, unter denen insbesondere Asthmatiker leiden.

> *Ihr Experiment zeigt, daß eine 0,8prozentige Teebaumöllösung (80 ml auf 10 l Wasser) im Waschwasser alle Milben nach 30 Minuten getötet hatte und fast 80% bereits nach 10 Minuten.*[5]

- Desinfizierung von Kleidungsstücken, Windeln etc.: Bei Handwäsche geben Sie bis zu 50 Tropfen Teebaumöl in 500 ml warmes Wasser; sonst fügen Sie einem flüssigen Reinigungsmittel bis zu 50 Tropfen hinzu, bevor Sie es in die Waschmaschine schütten.
- Für das Reinigen von Böden, Oberflächen etc.: Geben Sie bis zu 50 Tropfen in einen Eimer oder eine Schüssel mit Wasser und rühren gut um, bevor Sie mit dem Aufwischen oder Abwischen beginnen.
- Um Schnittwunden, Verletzungen etc. zu säubern: Geben Sie einige Tropfen reines Teebaumöl in eine kleine Schale mit abgekühltem, gekochtem Wasser, und wischen Sie die verletzte Stelle mit einem Wattebausch oder mit Gaze aus.

- Desinfektion von Krankenzimmern, Badezimmern, Arbeitsplätzen etc.: Nutzen Sie einen Luftbefeuchter zur Verteilung des Öls – weitere Methoden siehe Seite 42.
- Es gibt viele andere Öle, die ebenfalls ausgezeichnete desinfizierende Eigenschaften aufweisen, darunter Lavendel, Zitrone, Eukalyptus, Thymian und Bergamotte.

Ekzem

Siehe Dermatitis

Erkältung

Es existieren mindestens 30 verschiedene Arten des Virus, der Erkältungen oder – in medizinischer Terminologie – Coryza bewirkt. Diese hochgradig ansteckende Infektionskrankheit beeinträchtigt das obere Atemsystem. Die Symptome sind wohlbekannt: rauher Hals, Husten, Fiebrigkeit, schmerzende Glieder, Niesen, Erschöpfung und Katarrh.

Teebaumöl hilft, die Dauer und Schwere der Krankheit zu reduzieren, und sorgt dafür, daß Sekundärinfektionen (wie Bronchitis, Sinusitis oder Ohrenentzündungen) erst gar nicht auftreten. Außerdem verhindert Teebaumöl wegen seiner starken antiviralen und immunstimulierenden Qualitäten oft sogar das Ausbrechen der Erkältung, wenn es gleich bei den ersten Anzeichen zur Anwendung gebracht wird.

- Während der Krankheit, doch insbesondere bei den ersten Anzeichen, verwenden Sie Teebaumöl in Luftbefeuchtern – damit können Sie einen Ausbruch möglicherweise ganz verhindern. Zusätzlich träufeln Sie zur Inhalation ein paar Tropfen tagsüber auf ein Taschentuch und nachts auf Ihr Kopfkissen.

- Nehmen Sie täglich ein heißes Bad, und geben Sie 8–10 Tropfen Teebaumöl ins Wasser – damit lindern Sie Gliederschmerzen und bereiten sich außerdem eine Art Dampfinhalation.
- Bei Halsschmerzen geben Sie 5–10 Tropfen Teebaumöl in ein Glas mit warmem Wasser, rühren gut um und gurgeln. Wiederholen Sie dies mindestens 2–3mal täglich.
- Bei Husten mischen Sie sich ein Mittel, indem Sie 5 Tropfen Teebaumöl und 5 Tropfen Majoran (oder Benzoe) in 1 Dessertlöffel Basisöl geben und sich Ihre Brust und den oberen Rücken damit mindestens 2mal am Tag einreiben.
- Für eine Dampfinhalation geben Sie 5–6 Tropfen Teebaumöl in eine Schüssel mit dampfend heißem Wasser, legen ein Handtuch über Ihren Kopf und atmen 5–10 Minuten mit geschlossenen Augen tief ein und aus – der heiße Dampf allein ist für Viren schon eine feindliche Umgebung. Wiederholen Sie diesen Vorgang mindestens 2mal täglich.
- Andere Maßnahmen: Machen Sie eine Knoblauch- oder Vitamin-C-Kur. Lavendel, Majoran oder Kamille können ebenfalls im Badewasser benutzt werden, um schmerzende Gliedmaßen zu entlasten und erholsamen Schlaf zu fördern.

Siehe auch Husten, Fieber, Grippe, Nasennebenhöhlenentzündung, Halsschmerzen

Fieber

Eine erhöhte Temperatur ist eine lebendige und gesunde Reaktion auf einen Infekt, weil sie den Grundumsatz des Körpers steigert und sein natürliches Selbstverteidigungssystem stärkt.

In vielen Fällen sollte dem Fieber gestattet werden, einen normalen Verlauf zu nehmen – ein Prozeß, der im allgemeinen in einer Phase übermäßigen Schwitzens, das schließlich zusammen mit der Temperatur zurückgeht, seinen Höhepunkt findet.

Wegen seiner kraftvollen antiviralen, antibakteriellen und immunstimulierenden Eigenschaften ist Teebaumöl eine sehr nützliche Hilfe bei fieberhaften Infektionen. Wegen seiner diaphoretischen Fähigkeit vermag Teebaumöl auch den Schweißfluß auszulösen, wenn der Körper »es ausschwitzen« muß (befindet sich der Körper in seinem gesunden Normalzustand, wird jedoch kein Schweißfluß bewirkt).

Anmerkung: Bleibt das Fieber hoch oder steigt es bis in einen gefährlichen Bereich hin an, nehmen Sie sofort ärztliche Hilfe in Anspruch.

- Benutzen Sie während des gesamten Verlaufs der Krankheit, doch vor allem zu Beginn, Teebaumöl in einem Luftbefeuchter. Zusätzlich geben Sie ein paar Tropfen auf ein Taschentuch, um während des Tages inhalieren zu können, und verfahren auf gleiche Weise mit dem Kopfkissen für die Nacht.
- Um zu hohes Fieber unter Kontrolle zu halten, tauchen Sie den ganzen Körper in lauwarmes Badewasser, in das Sie je nach Alter des Patienten 3–10 Tropfen Teebaumöl geben.
- Ist der Kranke zu schwach, um in die Badewanne zu steigen, so reiben Sie seinen Körper mit einem in lauwarmes mit Teebaumöl versetztes Wasser getauchten Schwamm oder Lappen ab.
- Weitere Maßnahmen: Trinken Sie viel klares Wasser oder andere Flüssigkeiten, um den Körper zu entgiften und um einer möglichen Dehydrierung vorzubeugen. Andere hilfreiche ätherische Öle sind Pfefferminze, Eukalyptus, Bergamotte und Lavendel.

Siehe auch Bronchitis, Windpocken, Grippe, Masern, Nasennebenhöhlenentzündung

Frostbeule

Frostbeulen sind kleine, schmerzhafte, rötlich-blaue Schwellungen, die manchmal auch stark jucken. Sie treten im allgemeinen an Zehen und Fingerspitzen auf, normalerweise als Resultat mangelnder Blutzirkulation oder großer Kälte. Vitamin- und Mineralmangel kann das Problem verstärken. Bewegung und warme Bekleidung sind wichtige Präventivmaßnahmen.

- Tragen Sie reines Teebaumöl (oder Zitronensaft) auf die Frostbeulen auf.
- Eine regelmäßige, stimulierende Massagebehandlung ist hilfreich. Die lokale Blutzirkulation kann durch das Massieren der Füße und der übrigen betroffenen Bereiche mit jeweils 2 Tropfen Teebaumöl und schwarzem Pfeffer in 1 Teelöffel Basisöl verbessert werden.

Furunkel/Abszeß

Ein Furunkel oder Abszeß ist eine lokale schmerzhafte Geschwulst und Entzündung der Haut, die durch die Infektion einer Talgdrüse entsteht. Furunkel treten gerne dann zutage, wenn der Körper erschöpft oder gestreßt ist, zu Zeiten hormoneller Veränderungen oder als Resultat einer Blutstörung. Was auch immer die Ursache dafür ist, mit Furunkeln und Abszessen signalisiert der Körper, daß das System der Reinigung bedarf: Verzichten Sie auf Stimulanzien, essen Sie viel frisches Obst und Gemüse, und trinken Sie viel Wasser oder Kräutertee (vor allem Kräuter, die der Blutreinigung dienen). Medizinische Untersuchungen haben gezeigt, daß Teebaumöl eine hervorragende Behandlung für Furunkel und Abszesse gewährleistet, da es durch die Haut eindringt, um die Infektion zu bekämpfen und den Eiter aufzulösen, ohne daß ein Öffnen der Haut erforderlich ist.

- Warten Sie nie darauf, bis das Furunkel oder der Abszeß von allein aufplatzt – behandeln Sie beide von Anfang an, indem Sie sie mit reinem Teebaumöl abtupfen. Wiederholen Sie den Vorgang 2–3mal täglich.
- Wenn sich das Furunkel/der Abszeß bereits gebildet hat, legen Sie eine Packung aus Tonerde auf, in die Sie 3–4 Tropfen Teebaumöl mischen. Lassen Sie sie eine halbe bis eine Stunde lang auf der betroffenen Stelle liegen, um die Flüssigkeiten/den Eiter herauszuziehen, dann baden Sie sie vorsichtig in Wasser. Alternativ können Sie auch einen warmen Waschlappen, der mit einer Teebaumöllösung getränkt ist, auflegen und das Furunkel/den Abszeß anschließend mit reinem Teebaumöl auf einem Wattebausch abtupfen. Wiederholen Sie den Vorgang 2–3mal täglich.
- Ist das Furunkel/der Abszeß besonders schwerwiegend, bedecken sie es/ihn 12 Stunden mit einer zuvor in reinem Teebaumöl eingeweichten Gaze. Erzielen Sie damit keine Besserung, so suchen Sie einen Arzt auf.
- Fügen Sie Ihrem Badewasser als generelle Desinfektionsmaßnahme 8–10 Tropfen Teebaumöl hinzu.
- Andere hilfreiche ätherische Öle: Bergamotte, Kamille, Lavendel.

Siehe auch Insektenbiß/-stich

Geschwür (varicosum und phagedänisches)

Varicose Geschwüre können sich an den unteren Beinen bilden, wenn die Venen nicht richtig funktionieren, oft das Resultat von Krampfadern. Ältere Menschen sind für diese Erkrankung besonders anfällig, vor allem wenn sie unter einem schwachen Blutkreislauf leiden – manche Menschen müssen sich nur an der Wade kratzen, damit sich ein schwer heilendes Geschwür entwickelt.

Das phagedänische Geschwür tritt normalerweise nur unter tropisch-heißfeuchten klimatischen Bedingungen auf. Auch hier bildet sich ein großes schmerzloses Geschwür, oft an den Füßen oder Beinen, aufgrund einer bakteriellen Infektion, schlechter Ernährung oder entsprechender Umweltfaktoren.

Teebaumöl hat sich als sehr wirkungsvoll bei der Behandlung von Geschwüren an den unteren Beinen erwiesen. Es lohnt sich, die Haut dieses Körperbereichs täglich mit einer Teebaumöl-haltigen Feuchtigskeitscreme zu pflegen, weil sie auf diese Weise feucht gehalten wird und die Entzündung kleinerer Verletzungen von vornherein ausgeschlossen ist.

> *Viele Fälle extremer Geschwürbildung an den Beinen mit starker Eiterung, die auf keine Behandlung angesprochen haben, wurden durch die Behandlung mit Ti-trol (Teebaumöl) schnell geheilt.*[6]

- Tragen Sie als vorbeugende Maßnahme jeden Tag ein 5prozentiges Teebaumöl oder eine Teebaumölcreme (siehe Hinweise auf Seite 41) auf den Unterschenkel auf.
- Um das Geschwür zu behandeln, baden Sie es vorsichtig in warmer Teebaumöllösung (indem Sie ein paar Tropfen in eine Schüssel mit destilliertem/abgekochtem Wasser geben). Dann tragen Sie eine 10prozentige Teebaumölcreme auf (siehe Seite 42) oder decken es mit einer Kompresse ab, die zuvor in eine Lösung aus 3 Teilen Olivenöl und einem Teil Teebaumöl getaucht wurde.
- Lavendelöl eignet sich ebenfalls sehr wirkungsvoll zur Behandlung von Geschwüren, wenn es auf die gleiche Weise wie Teebaumöl zur Anwendung gebracht wird.

Für Mundgeschwüre siehe Mund-/Zahnfleischentzündung

Gicht

Siehe Arthritis

Grippe

Grippe oder Influenza ist die häufigste Ursache für Fieber, obwohl der Begriff häufig gebraucht wird, um eine Reihe nicht näher identifizierter Virusinfektionen zu beschreiben, zu deren Symptomen erhöhte Temperatur, schmerzende Glieder, Erschöpfung, Halsschmerzen und andere Atemwegssymptome wie Katarrh oder trockener Husten gehören.

Selbsthilfe mit ätherischen Ölen, vor allem mit Teebaumöl, kann viel dazu beitragen, um einen Grippeausbruch von vornherein zu verhindern oder die Krankheit wenigstens einzudämmen.

- Benutzen Sie Teebaumöl während des gesamten Verlaufes, doch vor allem bei Ausbruch der Krankheit einen Luftbefeuchter – Sie können damit den Ausbruch vielleicht völlig verhindern. Zusätzlich träufeln Sie zur Inhalation tagsüber ein paar Tropfen auf ein Taschentuch und für die Nacht einige weitere auf Ihr Kopfkissen.
- Bei den ersten Anzeichen der Infektion nehmen Sie ein heißes Bad mit 8–10 Tropfen Teebaumöl – danach gehen Sie sofort zu Bett. Wiederholen Sie diesen Vorgang jeden Abend oder jeden zweiten – was oft genügt, um die größte Attacke abzuwehren.
- Leiden Sie unter Halsschmerzen, so geben Sie 5–10 Tropfen Teebaumöl in ein Glas mit warmem Wasser, rühren gut um und gurgeln. Wiederholen Sie dies mindestens 2–3mal täglich.
- Bei Husten bereiten Sie sich ein Konzentrat, das aus 5 Tropfen Teebaumöl, 5 Tropfen Majoran (oder Benzoe) und 1 Des-

sertlöffel eines Basisöls besteht, und tragen es mindestens 2mal täglich auf die Brust und den oberen Rücken auf.

- Um sich bei einer verstopften Nase Erleichterung zu verschaffen, geben Sie 5–6 Tropfen Teebaumöl in eine Schüssel mit dampfend heißem Wasser, decken Ihren Kopf mit einem Handtuch ab und atmen 5–10 Minuten mit geschlossenen Augen tief ein und aus. Dampf allein stellt schon eine feindliche Umgebung für Viren dar. Wiederholen Sie den Vorgang mindestens 2mal täglich.
- Weitere Maßnahmen: eine Kur mit Knoblauchkapseln. Auch Lavendel, Majoran oder Kamille können im Badewasser benutzt werden, um schmerzende Glieder zu beruhigen und erholsamen Schlaf herbeizuführen.

Siehe auch Erkältung, Husten, Fieber, Nasennebenhöhlenentzündung, Halsschmerzen

Gürtelrose

Gürtelrose wird durch das gleiche Virus – *Herpes zoster* – verursacht wie Windpocken. Es greift die Sinnesnerven an und verursacht die Entstehung von Bläschenansammlungen, die sich oft wie ein Gürtel um die Taille legen. Die Krankheit kann von heftigem Schmerz, normalerweise bevor der Ausschlag sichtbar wird, und von Fieber begleitet sein.

Für die Behandlung siehe Windpocken

Haarpflege

Teebaumöl gibt aufgrund seines frischen Dufts, seines sanften Einwirkens und seiner starken antiseptischen Kraft eine ausgezeichnete Pflegespülung für die Haare ab. Es hilft, die Aktivität der Talgdrüsen zu regulieren, die Kopfhaut von möglichen Bakterien und Pilzinfektionen zu reinigen und tote Hautzellen zu entfernen. Indem es das Haar gesünder und leichter pflegbar macht, nutzt Teebaumöl allen Haartypen gleichermaßen, egal, ob Sie trockenes oder leicht fettendes Haar haben oder ob die Kopfhaut juckt.

- Wählen Sie ein mildes oder pH-neutrales Shampoo, das Ihrem Haar nicht den schützenden Säuremantel raubt, und fügen Sie ihm zwischen 1–2% Teebaumöl hinzu (ungefähr 20–50 Tropfen für 100 ml Shampoo oder 2–3 Tropfen auf einen Teelöffel Shampoo). Waschen Sie Ihre Haare täglich oder so häufig, wie Sie es gewohnt sind – diese Behandlung nutzt allen Haartypen. (Zur Behandlung von Schuppen ist eine konzentrierte Lösung erforderlich.)
- Teebaumöl kann auf die gleiche Weise auch einer Spülung hinzugefügt werden (2%, oder man setzt dem letzten Spülwasser ein paar Tropfen hinzu).
- Pflegespülung: Mischen Sie 25 Tropfen Teebaumöl mit 50 ml leicht angewärmtem Jojoba- oder Kokosnußöl, und massieren Sie es in die Kopfhaut ein. Wickeln Sie Ihr Haar in ein warmes Handtuch ein, und lassen Sie die Spülung wenn möglich eine Stunde lang wirken. Waschen Sie sie mit Teebaumölshampoo wieder aus – geben Sie das Shampoo vor dem Wasser auf die Haare, denn sonst bleibt das Haar ölig. Wiederholen Sie den Vorgang 1mal pro Woche. (Alternativ können auch einige Tropfen Teebaumöl einer natürlichen Haarspülung zugesetzt werden.)
- Eine abschließende Spülung, die allen Haartypen guttut, besteht aus 5 Tropfen Teebaumöl und 1 Eßlöffel Apfelessig. Damit entfernen Sie Seifenablagerungen und stellen das Säuregleichgewicht der Kopfhaut wieder her.
- Zahlreiche andere ätherische Öle nützen den Haaren ebenfalls, wie zum Beispiel Kamille, Lavendel und Rosmarin.

Siehe auch Milchschorf, Schuppen, Lausbefall, Trichophytie

Halsschmerzen

Ein rauher Hals ist oft Bestandteil anderer Atemwegsinfektionen wie Grippe, Bronchitis, Mandelentzündung und die gemeine Erkältung. Halsschmerzen sind oft das erste Anzeichen nahender Krankheit – wenn man sie sofort behandelt, kann man die weitere Entwicklung der Infektion verhindern oder zumindest die Dauer der Krankheit verkürzen.

> *... bekamen wir Halsschmerzen; wir gurgelten mit ein paar Tropfen (Teebaumöl) in Wasser, und innerhalb weniger Tage waren die Halsschmerzen fort.*[7]

- Geben Sie 5–10 Tropfen Teebaumöl in ein Glas mit warmem Wasser, rühren Sie gut um, und gurgeln Sie mindestens 2- oder 3mal am Tag. Fahren Sie so lange damit fort, bis die Symptome abgeklungen sind.
- Andere nützliche ätherische Öle sind Salbei und Thymian.

Harnröhrenentzündung

Siehe Blasen-/Harnröhrenentzündung

Haustierbehandlung

Ätherische Öle werden zunehmend auch gegen weitverbreitete Krankheiten in der Tierarztpraxis eingesetzt – vor allem bei Hunden, Katzen und Pferden.

Anmerkung: Vorsicht bei kleinen Tieren im Umgang mit reinem Teebaumöl – wegen seiner hohen Konzentration.

- Flöhe – verwenden Sie täglich Teebaumölshampoo (siehe Hinweise auf Seite 41), und lassen Sie es 3–5 Minuten einwirken, bevor Sie es ausspülen. Anschließend oder zwischen den einzelnen Waschungen reiben Sie das Fell mit einem Schwamm ab, auf den Sie 10–20 Tropfen reines Teebaumöl verteilt haben. Dies verbessert auch die allgemeine Situation des Fells.

- Läuse – verteilen Sie auf dem Fell 10–20 Tropfen Teebaumöl, und bürsten Sie es gründlich. Wiederholen Sie diesen Vorgang täglich.
- Zecken – setzen Sie reines Teebaumöl direkt auf die Zecke ab und entfernen Sie sie danach. Tragen Sie weiterhin Öl 2- oder 3mal am Tag auf die Zeckenbißstellen auf, so lange bis sie geheilt sind.
- Ausschlag – tragen Sie reines Teebaumöl auf, oder wenn Sie größere Flächen behandeln müssen, dann verwenden Sie eine 2,5prozentige Lösung auf einer leichten Öl- oder Cremebasis (siehe Seite 42).
- Schnitte / Juckreiz / Schorf / Insektenbisse / Prellungen – Tragen Sie reines Teebaumöl auf. Wiederholen Sie den Vorgang 2- oder 3mal täglich, bis die Heilung eingetreten ist.
- Pilzerkrankungen bei Fischen – verteilen Sie 1mal täglich 1 oder 2 Tropfen Teebaumöl im Wasser (je nach Größe des Aquariums oder Teiches).
- Weitere Maßnahmen: Ersatzweise kann auch Lavendelöl verwendet werden.

Hautpflege

Teebaumöl ist ein wertvolles Hautpflegemittel. Obwohl es ausgezeichnete antiseptische Eigenschaften besitzt, wirkt es mild auf der Haut und kann somit in einem weiten Spektrum von Hautzuständen eingesetzt werden, ebenso wie für mehr allgemein desinfizierende Zwecke.

Bei einem theoretischen Vergleich zwischen dem Teebaumöl und anderen antiseptischen Mitteln, die in der Hautpflege

Verwendung finden, kam das Öl des Teebaums dem Ideal des Hautdesinfektionsmittels am nächsten. Aus folgenden Gründen:

1. Es ist von rascher antibakterieller Wirkung in einem weiten Spektrum von Organismen, verfügt über eine gute Beharrlichkeit und kann von der Haut außerdem hochgradig absorbiert werden.
2. Es besitzt bemerkenswerte reinigende Eigenschaften, die schon mehrfach in der klinischen Literatur hervorgehoben wurden.
3. Es bewirkt keine Hautirritationen, ist nicht giftig, beschädigt Gewebezellen nicht und hat keine erwähnenswerten Nebenwirkungen.
4. Es läßt sich nicht verunreinigen.
5. Es ist kosmetisch akzeptabel, weil es farblos und von einem angenehmen, klaren Geruch ist.
6. Es verfügt über einen fast neutralen pH-Wert.
7. Bei organischem Detritus (Schmutz, Blut und Eiter) ist es außerordentlich wirkungsvoll.
8. Es ist bei Pilzbefall höchst effizient und wird auch gegen virale Beschwerden mit Erfolg eingesetzt.[8]

Darüber hinaus ist Teebaumöl nicht nur nützlich bei fettiger oder durch Pickel verunstalteter Gesichtshaut, sondern hilft auch bei trockener Haut. Mit anderen Worten: es eignet sich für alle Hauttypen.

- Wenn es sich um ein Reinigungsmittel, einen Toner für die tägliche Hautpflege, insbesondere aber um Problemfälle handelt, vermischen Sie 15 Tropfen Teebaumöl und 15 Tropfen Lavendel mit 25 ml Hamamelis und 75 ml destilliertem Wasser (oder einem anderen »Blumenwasser«) und tragen es morgens und abends auf, bevor Sie die Haut mit Feuchtigkeit versorgen.

- Um die Haut mit Feuchtigkeit zu versorgen, mischen Sie 3 Tropfen Teebaumöl mit 1 Teelöffel Weizenkeimöl (oder mit einer Feuchtigkeitscreme). Tragen Sie die Mischung 2mal täglich auf.

Siehe auch Akne/Pickel, Rissige Haut, Dermatitis/Ekzem, Nesselsucht, Schuppenflechte

Herpes genitalis

Herpes genitalis ist eine Infektionskrankheit, die bei Sexualkontakt durch das Virus *Herpes simplex II* übertragen wird. Das Auftreten der Krankheit ist im allgemeinen beim ersten Mal am schlimmsten: Die Haut des Genitalbereichs wird rot, juckt und bildet schließlich kleine, schmerzhafte Bläschen aus, die sich mehrere Wochen lang erhalten können. Diesem ersten Herpesanfall folgen in der Regel weitere, jedoch milderer Art, die möglicherweise durch Streß, sexuelle Aktivität oder eine andere Infektion beschleunigt werden; diese neuerlichen Attacken halten für gewöhnlich nur wenige Tage an. Dennoch bleibt Herpes genitalis ein sehr qualvolles Leiden, das auf die übliche Antibiotika-Behandlung nicht anspricht (wie auch der ebenfalls durch das *Herpes-simplex*-Virus verursachte *Herpes labialis*). Aufgrund seiner stark antiviralen Kraft ist das Teebaumöl als sehr wertvoll bei der Behandlung dieses hartnäckigen Problems erkannt worden.[9]

- Wenn die allerersten Anzeichen der Infektion erkennbar sind, bereiten Sie eine konzentrierte Lösung zu, indem Sie 30 Tropfen Teebaumöl mit etwa 1 l warmem Wasser mischen – und gut schütteln, bevor Sie die Lösung auftragen. Benutzen Sie dieses Gemisch, um den Genitalbereich möglichst häufig zu duschen oder zu waschen und damit die Irritation zu beruhigen und die weitere Ausbreitung der Infektion zu verhindern.

- *Anmerkung:* Das Teebaumöl verursacht zwar zeitweise ein warmes Gefühl im Genitalbereich, brechen Sie die Behandlung jedoch sofort ab, wenn Irritationen auftreten.
- Benutzen Sie reines Teebaumöl, um Blasen, die sich zu entwickeln beginnen, abzutupfen – testen Sie jedoch zunächst, wie empfindlich Sie sind! (Siehe Seite 43.) Wiederholen Sie den Vorgang mehrere Tage lang, solange bis die Bläschen verschwunden sind.
- Setzen Sie Ihrem Badewasser als allgemeine Desinfektionsmaßnahme 8–10 Tropfen Teebaumöl zu.
- Weitere Maßnahmen: Ihr Sexualpartner sollte sich der gleichen Behandlung unterziehen, um Ihre Neuinfizierung zu vermeiden; enthalten Sie sich während der Behandlung mindestens eine Woche lang sexueller Handlungen; nehmen Sie Vitamin-C-Tabletten ein; auch die ätherischen Öle Lavendel und Bergamotte (bergaptenfrei) sind bei der Behandlung von Herpes genitalis hilfreich, vorausgesetzt, sie werden wie das Teebaumöl zur Anwendung gebracht.

Siehe auch Herpes labialis, Gürtelrose

Herpes labialis

Herpes labialis tritt in Form von Bläschen im Lippen- und Gesichtsbereich auf und wird von dem Virus *Herpes simplex I* verursacht. Es handelt sich um eine stark infektiöse Krankheit, die leicht auf andere Bereiche des Körpers und auf andere Menschen übertragen werden kann. Manche Personen sind besonders anfällig für Herpes, vor allem wenn sie sich erschöpft fühlen oder nachdem sie kalter Zugluft oder besonders starkem Sonnenschein ausgesetzt waren.

Teebaumöl hat sich als sehr wirkungsvolles Mittel gegen Herpes erwiesen, vor allem dann, wenn es von Beginn der Krankheit an eingesetzt wird. Das reine Öl wurde in der 1991 von Shemesh und Mayo (siehe auch Seite 28) durchgeführten Studie erfolgreich im Kampf gegen Herpes eingesetzt. Mehrere Fallgeschichten bezeugen die Wirksamkeit von Teebaumöl angesichts dieses widerspenstigen Erregers:

> *Ich habe jahrelang unter Herpes gelitten, bisweilen so arg, daß die Bläschen Narbengewebe in meinem Gesicht hinterließen. Mein letzter Herpesanfall war dank Ihres Teebaumöls viel schwächer. Bläschen haben sich erst gar nicht gebildet, weil ich schon die ersten Anzeichen mit dem Öl behandelte.*[10]

- Verwenden Sie reines Teebaumöl, um die Bläschen zu betupfen, sobald sie sich zu entwickeln beginnen – wenn Sie mit der Behandlung früh genug beginnen, kommt es überhaupt nicht zu Bläschenbildung. Wiederholen Sie diesen Vorgang mehrere Tage lang oder so lange, bis die Bläschen verschwunden sind.
- Geben Sie 6 Tropfen Teebaumöl in 1 Teelöffel Alkohol (zum Beispiel Wodka) – diese auf Alkohol basierende Lotion kann jedoch nur in der Anfangsphase, wenn die Bläschen noch nicht aufgeplatzt sind, an Stelle des reinen Teebaumöls benutzt werden, sonst verursacht sie einen stechenden oder brennenden Schmerz.
- Andere Maßnahmen: Nehmen Sie Vitamin-C-Tabletten ein; auch Lavendel oder bergaptenfreies Bergamotte sind, wenn sie wie das Teebaumöl aufgetragen werden, hilfreich bei der Behandlung von Herpes.

Siehe auch Herpes genitalis, Gürtelrose

Hühnerauge

Ein Hühnerauge ist ein verhärteter Hautbereich zwischen oder auf den Zehen. Es kann sich kegelartig in tiefere Hautschichten hinein fortsetzen und dadurch Schmerzen verursachen. 1972 behandelte Dr. Walker (siehe Seite 26) im Rahmen einer Studie mehrere Fußbeschwerden, darunter Verhornungen und Hühneraugen im Nagelbereich, erfolgreich mit reinem Teebaumöl.

- Tragen Sie mit der Fingerspitze oder mit einem Wattebausch reines Teebaumöl auf die betroffenen Stellen auf, und decken Sie sie mit einem Pflaster ab. Wiederholen Sie dies täglich – es kann mehrere Wochen dauern, bis Resultate zu erkennen sind, doch auf lange Sicht wird die Behandlung von Erfolg gekrönt sein.

Husten

Husten ist eine natürliche Reflexreaktion, die darauf abzielt, Blockierungen und Irritationen im Atemsystem aufzulösen. Ein Husten kann trocken und unproduktiv sein oder Schleim auswerfen, vor allem wenn er eine Begleiterscheinung von Erkältung, Grippe oder Bronchitis ist. Teebaumöl ist aufgrund seiner starken antiviralen, antibakteriellen, auswerfenden und balsamischen Eigenschaften ein wertvolles Heilmittel gegen Husten, wenn eine Infektion oder Entzündung auftritt.

- Geben Sie 5–6 Tropfen Teebaumöl in eine Schüssel mit dampfendem Wasser, bedecken Sie Ihren Kopf mit einem Handtuch und atmen Sie mit geschlossenen Augen 5–10 Minuten tief ein und aus. Wiederholen Sie dies mindestens 2mal täglich.
- Bereiten Sie sich eine konzentrierte Lotion zum Einreiben der Brust und des oberen Rückens zu, indem Sie 5 Tropfen

Teebaumöl und 5 Tropfen Majoran (oder Benzoe) mit 1 Dessertlöffel Basisöl vermischen. Tragen Sie diese Flüssigkeit mindestens 2mal am Tag auf.

- Für die Dauer Ihrer Krankheit verwenden Sie Teebaumöl in einem Luftbefeuchter.
- Weitere Maßnahmen: Halten Sie sich warm, und schützen Sie den Nacken-Hals-Bereich, indem Sie einen Schal tragen; Eukalyptus, Sandelholz, Kiefer, Benzoe und Thymian sind die ätherischen Öle, die besonders gut gegen Husten wirken, wenn sie in der gleichen Weise wie das Teebaumöl angewendet werden.

Siehe auch Bronchitis, Erkältung, Fieber, Grippe, Nasennebenhöhlenentzündung, Halsschmerzen

Immunstärkung

Die Immunreaktion wird von drei verschiedenen Zellgruppen instrumentalisiert: den Phagozyten, den T-Zellen und den B-Zellen. Sie alle haben ihren Ursprung in den weißen Blutkörperchen im Knochenmark und sollen den Körper vor Infektionen schützen. Wenn dieser Verteidigungswall aus irgendeinem Grund defekt ist, wird der Körper hinsichtlich vieler Arten pathogener Organismen verletzbar. Das Immunsystem wird von anderen Körperfunktionen unterstützt oder steht mit ihnen in enger Verbindung, vor allem mit dem Lymph- und Nervensystem. Neueste Forschungsergebnisse legen die Erkenntnis nahe, daß emotionale und psychologische Faktoren eine lebenswichtige Rolle für die Wirksamkeit der Immunreaktion spielen.[11] Das erklärt vielleicht, warum Virusinfektionen und ein unterdrücktes Immunsystem heutzutage ein immer größeres Problem darstellen – wobei Krankheiten wie Aids, chronisches immunologisches Erschöpfungssyndrom und andere Virusinfektionen uns mit Krankheitsbildern konfrontieren, die es bisher noch nicht gegeben hat. Viele ätherische Öle, vor allem Teebaumöl, sind dabei in höchst hilfreicher Weise einsetzbar, weil sie den Körper im Kampf gegen Infektionen unterstützen,

1. indem sie direkt gegen die feindlichen Mikroorganismen vorgehen,
2. indem sie die Aktivität der Organe und betroffenen Zellen stimulieren und steigern,
3. indem sie Widerstand aufbauen und das Immunsystem als Ganzes unterstützen.

Als vorbeugende Maßnahme wird Teebaumöl bereits eingesetzt, um das Immunsystem von Patienten vor der Operation zu kräftigen und all jene zu stärken, die unter Langzeiterkrankungen wie Drüsenfieber, Hepatitis und chronischem immunologischem Erschöpfungssyndrom leiden. Die retardierende Bedeutung des Teebaumöls bei Aids und seine Anwendung bei der Behandlung hat gute Anfangsergebnisse gezeigt und befindet sich ebenfalls im Stadium der Erforschung.[12]

- Um Ihre Widerstandskraft aufzubauen, nehmen Sie mindestens 2mal pro Woche ein Bad, wobei Sie dem Badewasser 8–10 Tropfen Teebaumöl zugeben.
- Um Ihr Immunsystem zu stärken, lassen Sie sich 1mal wöchentlich eine Massage mit einem 2,5prozentigen Teebaumölgemisch verabreichen (siehe Anweisungen Seite 41). Sollte dies nicht möglich sein, bereiten Sie sich ein 5prozentiges konzentriertes Massageöl zu und reiben es 1mal täglich gut in Ihre Hand- und Fußflächen ein.
- Benutzen Sie im Alltag Teebaumöl und andere ätherische Öle als Raumduft.
- Weitere Maßnahmen: Eine Kur mit Knoblauchkapseln, Vitamin E und Vitamin C ist ebenfalls sinnvoll.

Impetigo

Diese sehr ansteckende Hautkrankheit, unter der vor allem Kinder zu leiden haben, wird in der Regel durch einen bakteriellen Angriff von Streptokokken oder Staphylokokken bewirkt. Entzündete Stellen oder Pickel erscheinen normalerweise im Gesicht, auf der Kopfhaut und am Hals, manchmal auch auf den Händen und Knien, bilden zunächst Bläschen und verkrusten danach.

Die antibakterielle Eigenschaft von Teebaumöl macht es bei der Behandlung von ansteckenden Hautkrankheiten sehr wirkungsvoll. Strikte Hygiene ist darüber hinaus eine wichtige Voraussetzung, um die Übertragung der Krankheit auf andere Körperteile – oder andere Menschen – zu verhindern. Ein australischer Pflanzenheilkundler, der Teebaumöl in seiner Praxis verwendet, schreibt:

> *Teebaumöl wirkt wirklich ausgezeichnet gegen ... Impetigo, Herpes-simplex-Bläschen und viele Arten von ulzerösem Gewebe ... es ersetzt einen antibiotischen Eingriff und vermeidet Irritation und Unwohlsein, die oft die Folge einer solchen Medikation sind.*[13]

- Tragen Sie reines Teebaumöl mit der Fingerspitze oder mit einem Wattebausch auf die betroffenen Bereiche auf. Wiederholen Sie dies 2mal täglich.
- Geben Sie 10 Tropfen (nicht mehr als 5 für Kinder) als Desinfektionsmaßnahme ins Badewasser.
- Lavendel ist in der Behandlung von Impetigo ebenfalls erfolgversprechend.

Insektenbiß/-stich

Seit langer Zeit wird Teebaumöl in Australien als Mittel gegen unterschiedliche Insektenbisse und -stiche benutzt. Man hat festgestellt, daß es bei Bissen und Stichen von Stechmücken, Sandflöhen, Flöhen, Pferdebremsen, Wespen, Bienen und sogar mancher Spinnen und Quallen rasch Erleichterung verschafft. Direkt auf dem Biß oder dem Stich verrieben, beseitigt Teebaumöl nicht nur Juckreiz und Schmerz, sondern verhindert auch eine mögliche Entzündung, die sich – vor allem bei Kindern – bei übermäßigem Kratzen entwickeln kann.

Eine Frau machte sich Sorgen wegen ihres Sohnes, der von Moskitostichen übersät aus dem Ferienlager zurückkam.

Er kratzte an ihnen herum und machte die Sache nur noch schlimmer. Ich trug Teebaumöl auf, in nur 20 Minuten verschwand der Juckreiz, und am nächsten Morgen war alles gut.[14]

Eine andere Frau berichtete, wie sie bei der Rückkehr von einer Reise nach Dubai unter mehreren Moskitostichen an den Beinen litt, die zu Entzündung und Eiterung geführt hatten.

Ich badete darin [in Teebaumöl], gab 10 Tropfen ins Badewasser, und wusch darüber hinaus auch die Wunden damit aus ... Sofort stellte sich Erleichterung ein, und die Schwellung ging zurück.[15]

Weil Teebaumöl ein wirkungsvolles Antiseptikum, doch gleichzeitig auch sanft zur Haut ist, kann es immer wieder aufgetragen werden, ohne daß man Angst vor Irritationen haben müßte. Außerdem stellt Teebaumöl ein ausgezeichnetes Mittel zur Insektenabwehr dar – eine Entdeckung, die schon die ersten Teebaumöl-Erntearbeiter gemacht hatten.

- Um Bisse und Stiche zu behandeln, verteilen Sie reines Teebaumöl auf den betroffenen Bereich und wiederholen diesen Vorgang, sofern erforderlich, alle 4 Stunden.
- Auch 5–10 Tropfen im Badewasser sind von Nutzen.
- Als vorbeugende Maßnahme kann Teebaumöl in reiner Form auf die unbedeckte Haut aufgetragen werden; auf Kleidungsstücke wie Strümpfe, Halstücher etc.; oder auf größere Körperflächen – in einem leichten pflanzlichen Öl verdünnt.
- Um Insekten vom Haus fernzuhalten, geben Sie Teebaumöl auf eine Fliegenstrippe oder in einen Luftbefeuchter.
- Weitere Maßnahmen: Verschiedene ätherische Öle halten Insekten fern, als am wirkungsvollsten erwiesen sich Lavendel, Zitronella, Lemongras, Eukalyptus und Zeder oder eine Kombination aus diesen Essenzen.

Karbunkel

Ein Karbunkel besteht aus einer Ansammlung mehrerer Furunkel, die der *Staphylococcus aureus* bewirkt – charakteristisch ist eine schmerzhafte Schwellung, die von straffer, geröteter Haut bedeckt ist, später dicker wird und Eiter abstößt. Karbunkel treten im allgemeinen auf dem oberen Rücken, im Nacken oder auf dem Gesäß auf.

- Halten Sie den betroffenen Bereich sauber, und tragen Sie 3mal täglich reines Teebaumöl auf.
- Fügen Sie Ihrem Badewasser 8–10 Tropfen Teebaumöl als Desinfektionsmaßnahme hinzu.
- Auch Lavendelöl, allein oder zusammen mit Teebaumöl aufgetragen, ist ein wirkungsvolles Mittel.

Lausbefall

Läuse sind kleine blutsaugende Insekten, die auf der Kopfhaut Juckreiz verursachen; sie stellen ein weitverbreitetes und immer wiederkehrendes Problem unter Schulkindern dar. Die meisten schulischen Einrichtungen leiden von Zeit zu Zeit an Lausbefall, da Läuse leicht und schnell von einem Haarschopf zum nächsten gelangen können, unabhängig vom jeweiligen Haartypus. Außerdem legen Läuse winzige grauweiße Eier (Nissen), die in der Nähe der Kopfhaut fest an den Haaren kleben.

Sowohl Läuse als auch Nissen sind sehr schwer zu erkennen und entsprechend mühsam zu entfernen. Teebaumöl tötet die Läuse ab, doch nicht ihre Eier, also muß es regelmäßig angewendet werden, bis alle Eier ausgeschlüpft sind und entfernt wurden. Teebaumöl erfordert als Mittel gegen Läuse zwar mehr Geduld als die im Handel erhältlichen chemischen Mittel, verbessert jedoch die Qualität des Haars, statt es zu schädigen.

- Im ersten kritischen Stadium benutzen Sie täglich ein 2–3prozentiges Teebaumölshampoo, um einer weiteren Verseuchung vorzubeugen (siehe Seite 41).
- Eine gute Vorbeugemaßnahme gegen Lausbefall ist die tägliche Einnahme einer Knoblauchkapsel.
- Wurden Läuse oder Nissen im Haar gefunden, so bereiten Sie ein Haarwasser auf Alkoholbasis zu, indem Sie 5 ml Teebaumöl mit 25 ml Wodka und 75 ml Wasser mischen.
- Lassen Sie es mindestens 1 Stunde einwirken, (wenn möglich über Nacht), dann waschen Sie es aus. Schließlich kämmen Sie die Haare sorgfältig mit einem sehr feinen Kamm aus. Verfahren Sie in gleicher Weise zu Beginn jeder neuen Lausplage, und wiederholen Sie die Vorgänge alle 3 Tage, so lange bis keine Anzeichen für Lausbefall mehr vorhanden sind. Ein 2- oder 3maliges Auftragen ist im allgemeinen ausreichend!

(Ersetzen Sie das Alkohol-Wasser-Gemisch mit einem pflanzlichen Öl, wenn die Kopfhaut gereizt ist.)

- Zwischen den Behandlungen waschen Sie die Haare (wenn möglich) täglich mit einem 2- oder 3prozentigen Teebaumölshampoo – lassen Sie es 10 Minuten einwirken, bevor Sie es ausspülen. Fügen Sie beim letzten Spülgang dem Wasser einige zusätzliche Tropfen reines Teebaumöl hinzu.
- Um eine Neuinfektion zu vermeiden, waschen Sie alle Kämme und Bürsten in einem Wasser aus, das Sie durch einige Tropfen Teebaumöl angereichert haben.
- Weitere Maßnahmen: Auch Lavendel ist ein wirkungsvolles Mittel gegen Läuse.

Mandelentzündung

Siehe Halsschmerzen

Masern

Masern sind eine Virusinfektion, die durch rauhen Hals, bellenden Husten, Lichtempfindlichkeit und fleckigen Ausschlag, der im allgemeinen im Gesicht und am Hals beginnt und sich von dort über den Rumpf und die Gliedmaßen ausbreitet, gekennzeichnet ist. Weil Masern vor allem bei Erwachsenen zu Komplikationen führen können, sollte immer ein Arzt zu Rate gezogen werden – auch wenn die folgenden Maßnahmen viel dazu beitragen können, die Krankheit zu lindern.

- Ist das Fieber sehr hoch, so kann es mit Hilfe kalter Kompressen, mit einem regelmäßigen Abreiben des Körpers oder, wenn möglich, mit dem Eintauchen des ganzen Körpers in lauwarmes Badewasser, in dem sich einige Tropfen Teebaumöl befinden, gesenkt werden.

- Verwenden Sie während des Krankheitsverlaufs Teebaumöl in einem Luftbefeuchter innerhalb des Krankenzimmers und in seiner Umgebung, um Infektionen und deren Ausbreitung zu verhindern.
- Regelmäßige Dampfinhalationen werden den Hustenreiz ein wenig beruhigen – geben Sie 5 Tropfen Teebaumöl in eine Schüssel mit dampfend heißem Wasser, und inhalieren Sie 5–10 Minuten mit geschlossenen Augen.
- Für die Behandlung eines rauhes Halses geben Sie 5–10 Tropfen Teebaumöl in ein Glas warmes Wasser, rühren gut um und gurgeln.

Siehe auch Fieber, Halsschmerzen

Milchschorf

Dieser unansehnliche Zustand der Kopfhaut ist eine Form der Dermatitis, die bei sehr kleinen Babys, insbesondere bei Neugeborenen, vorkommt. Auf der Kopfhaut, die hinter den Ohren oft schuppig wird, bildet sich eine dicke, gelbliche Kruste.

- Mischen Sie vor jeder Behandlung 5 Tropfen Teebaumöl mit 1 Dessertlöffel leicht angewärmten Olivenöls und massieren Sie die Mixtur vorsichtig in die Kopfhaut ein. Lassen Sie sie 5–10 Minuten einwirken, dann waschen Sie das Gemisch mit Teebaumölshampoo wieder ab (die Kopfhaut kann nach der Behandlung noch etwas ölig sein). Achten Sie darauf, daß beim Spülen nichts in die Augen gelangt. Wiederholen Sie den Vorgang anfangs täglich, später waschen Sie dem Baby routinemäßig mit Teebaumöl die Haare, um einem Rückfall vorzubeugen.
- Wenn man es auf die gleiche Weise einsetzt, ist auch Lavendel bei Milchschorf hilfreich.

Siehe auch Dermatitis/Ekzem

Moniliasis

Siehe Candidamykose

Mund- und Zahnfleischentzündung

Es gibt mehrere Arten von Mund- und Zahnfleischentzündungen, die auf unterschiedliche Ursachen zurückzuführen sind. Die am meisten verbreiteten sind:

1. Mundgeschwüre – kleine Bläschen, die aufplatzen und Geschwüre von 2–10 mm Durchmesser, die sich auf der Zunge, unter der Zunge und auf den Wangeninnenseiten bilden.
2. Candidamykose im Mund, die häufig bei Kleinkindern, doch manchmal auch bei Erwachsenen vorkommt, vor allem nach einer Behandlung mit Antibiotika. Sie wird durch den Pilzerreger *Candida albicans* ausgelöst, der auch Soor bewirkt. Orale Candidamykose ist an weißen Flecken auf der Innenseite der Wangen oder am Gaumen – häufig gefolgt von Mundgeruch – erkennbar.
3. Gingivitis – eine rötliche, schwammige Anschwellung des Zahnfleischs, die vor allem beim Zähneputzen leicht zu Zahnfleischbluten führt. Das Krankheitsbild wird durch schlechte Zahnpflege und -hygiene verschlimmert. Studien haben erwiesen, daß Mundspülungen mit einer Teebaumöllösung 2mal täglich das Wachstum von Bakterien verhindern, das Zahnfleischbluten verringern und die Kontrolle von Zahnbelag erleichtern.[16] (Siehe Seite 40.)

- Bei Candidamykose oder Mundgeschwüren verdünnen Sie Teebaumöl zu 50% mit Wasser, schütteln es gut und tragen die Lösung mit einem Wattestäbchen auf die einzelnen Stellen oder Geschwüre auf – wiederholen Sie dies 3 Tage lang 2mal täglich. Um den Geschmack des Öls für die Anwendung bei Kindern etwas zu reduzieren, lösen Sie 1 Tropfen Teebaumöl in etwas Speichel des Kindes auf, bevor Sie es auftragen.

- Um Gingivitis, Mundgeruch oder andere Mund- und Zahnfleischentzündungen zu behandeln, geben Sie 5–10 Tropfen Teebaumöl in ein Glas mit warmem Wasser, verrühren es gut, spülen den Mund damit aus oder/und benutzen es 2mal täglich zum Gurgeln. Wiederholen Sie diesen Vorgang jeden Morgen und Abend nach dem Zähneputzen.
- Alternativ können Sie sich aus einer 5prozentigen Teebaumölwasserlösung ein Spray zubereiten und es je nach Bedarf anwenden.

Mundgeruch

Siehe Mund- und Zahnfleischentzündung

Muskelschmerz

Muskelschmerzen oder Muskelkater sind weitverbreitete Leiden, die entweder durch körperliche Überanstrengung oder durch psychischen Streß und Anspannung bewirkt werden. Viele Menschen sind zum Beispiel im Nacken und in den Schultern verspannt, was mit der Zeit dazu führt, daß die Muskeln verkrampfen und schmerzen.

- In einer mit heißem Wasser gefüllten Badewanne zu weichen ist eine einfache und wirkungsvolle Möglichkeit, die Muskeln zu entspannen und die Schmerzen umgehend zu lindern. 8–10 dem Badewasser hinzugegebene Tropfen Teebaumöl werden auf Grund der schmerzmindernden und durchdringenden Eigenschaften des Öls diese Wirkung des Bads noch verstärken.

- Muskelschmerzen lassen sich durch örtliche Massagen gut beeinflussen – geben Sie etwa 9 Tropfen Teebaumöl in 1 Eßlöffel Basisöl, und massieren Sie das Gemisch in die betroffenen Bereiche ein.
- Um Muskelkrämpfe zu lösen oder wenn sich eine bestimmte Körperpartie sehr hart anfühlt, massieren Sie mit reinem Teebaumöl oder legen eine heiße Kompresse auf, über die Sie einige Tropfen Teebaumöl verteilt haben.
- Ein paar Tropfen Teebaumöl, die unmittelbar vor der nach der Ausübung einer anstrengenden Sportart in den Muskel einmassiert werden, tragen dazu bei, das Entstehen von Muskelschmerz und Muskelkater zu verhindern.
- Andere ätherische Öle, die ebenfalls hilfreich sind: Lavendel, Majoran, Rosmarin, schwarzer Pfeffer, Kamille.

Nagelfalzentzündung

Nagelfalzentzündung ist eine Pilzinfektion, die sich am Rand der Finger- und Fußnägel ausbreiten kann. Die Oberhaut rötet sich und wird unter leichter Eiterung schmerzhaft, die Haut unterhalb des Nagels entfärbt sich, der Nagel selbst wird schließlich furchig und verformt sich. Die Krankheit entsteht oft im Kontakt mit Putzmitteln oder durch das regelmäßige Aufkleben falscher Nägel.

Obwohl die Infektion bis tief unter den Nagel vordringt, ist Teebaumöl wegen seiner fungizidalen Eigenschaften sehr wirkungsvoll bei der Behandlung dieses hartnäckigen Leidens.[17]

- Lassen Sie die betroffenen Nägel für 2 oder 3 Minuten in reinem Teebaumöl weichen, und massieren Sie dabei die Lösung in das Nagelbett ein. Wiederholen Sie den Vorgang 3mal am Tag, bis die Infektion zurückgeht.

Nasennebenhöhlenentzündung

Nasennebenhöhlenentzündung oder Sinusitis ist eine Entzündung der Schleimhäute, mit denen die knöchernen Höhlen hinter, über und auf beiden Seiten der Nase ausgekleidet sind. Oft folgt Sinusitis auf eine Erkältung, Heuschnupfen oder wenn man längere Zeit kalter, feuchter Luft ausgesetzt war. Ein akuter Anfall geht häufig einher mit Kopfschmerzen und Katarrh, manchmal auch mit Fieber. Eine chronische oder langanhaltende Nasennebenhöhlenentzündung deutet auf eine milde Infektion hin und führt dazu, daß die Nase fortwährend verstopft und ein ständiger dumpfer Schmerz oder ein Gefühl der Spannung im Bereich zwischen den Augen zu spüren ist. Menschen, die immer wieder oder ununterbrochen unter Sinusitis leiden, haben oft eine Allergie – meist gegen Gluten und Kuhmilch.

Anmerkung: Nasennebenhöhlenentzündung kann zu Sekundärinfektionen führen, insbesondere zu Ohrenentzündung und in seltenen Fällen auch zu Gehirnhautentzündung – sind Sie sich diesbezüglich nicht ganz sicher, suchen Sie sofort einen Arzt auf.

- Dampfinhalation legt die verstopfte Nase wieder frei und bekämpft Infektionen – verwenden Sie hierzu 5 Tropfen Teebaumöl in einer Schüssel mit dampfend heißem Wasser, decken Sie Ihren Kopf mit einem Handtuch ab und inhalieren Sie mit geschlossenen Augen 5–10 Minuten. Wiederholen Sie den Vorgang mehrmals am Tag.
- 8–10 Tropfen Teebaumöl in Ihrem Badewasser wirken ebenfalls wie eine Inhalation.
- Geben Sie Teebaumöl über Nacht in einen Luftbefeuchter, und stellen Sie ihn in Ihrem Schlafzimmer auf – oder verteilen Sie ein paar Tropfen auf Ihr Kopfkissen.
- Auch eine Kur mit Knoblauchkapseln ist nützlich.

- Bestimmte Nahrungsmittel, insbesondere Weizen- und auch Milchprodukte (aus Kuhmilch), verschlimmern das Problem und sollten während der Behandlung weitestgehend aus dem Ernährungsplan herausgehalten werden.
- Andere ätherische Öle, die gegen eine verstopfte Nase helfen, sind Eukalyptus, Niauli und Pfefferminze (zur Anwendung in einem Luftbefeuchter oder Inhalator).

Siehe auch Erkältung, Fieber

Nesselsucht

Nesselsucht ist ein allergischer Hautausschlag, der durch Brennen, Jucken und rote Pickelchen oder Pusteln gekennzeichnet ist. Die Haut sieht so aus, als sei sie von einer Brennessel verbrannt worden. In sehr schweren Fällen kann der Ausschlag auch Striemen ähneln. Diese Art von allergischer Reaktion kann durch eine Reihe unterschiedlicher Faktoren ausgelöst werden, wie zum Beispiel durch ein bestimmtes Nahrungsmittel oder als Reaktion auf ein äußeres Reizmittel wie zum Beispiel Staub – Streß verschlimmert die Situation oft zusätzlich.

Für Behandlungsmethoden siehe auch Dermatitis/Ekzem

Pickel

Siehe Akne

Prellung/Quetschung

Eine Prellung läßt auf eine Verletzung des Gewebes unterhalb der Hautoberfläche schließen, weil man sich gestoßen hat oder Druck auf den Bereich ausgeübt worden ist. Das Auftragen von Teebaumöl wirkt hier entzündungsmindernd, heilt die Zellgewebe und beschleunigt den Heilungsprozeß.

Eiternde Prellungen des Schienbeins, die im Gefolge einer Knochenhautentzündung auftreten, können mit einer als Kompresse aufgetragenen 1-zu-40-Lösung innerhalb von 24 Stunden unter Kontrolle gebracht werden. Eine Heilung ist bei fortgesetzter Behandlung innerhalb einer Woche möglich.[18]

- Legen Sie eine kalte Kompresse auf, um die Entzündung zu lindern, und tupfen Sie mit 1–2 Tropfen reinen Teebaumöls die betroffenen Stellen ab.
- Die ätherischen Öle Lavendel und Arnika sind ebenfalls wirkungsvolle Mittel gegen Prellungen.

Pruritus

Siehe Weißfluß

Quetschung

Siehe Prellung

Rheumatismus

Der Begriff Rheumatismus wird medizinisch allgemein zur Beschreibung einer ganzen Reihe von Störungen verwendet, bei denen Muskeln und Gelenke schmerzen, dazu gehören auch die verschiedenen Formen von Arthritis und Gicht. Im allgemeinen bezieht sich Rheumatismus jedoch speziell auf Muskelschmerz, während Arthritis und Gicht eher mit Schmerzen innerhalb der Gelenke selbst in Verbindung gebracht werden.

Teebaumöl kann aufgrund seiner schmerzstillenden Qualitäten rheumatischen Schmerz mindern und außerdem die lokale Blutzirkulation und die Beweglichkeit fördern. Da sich Rheumatismus und Arthritis durch die Ansammlung diverser

Gifte verschlimmern, sollten auch die Ernährung und die Lebensweise in Augenschein genommen werden.

- Massage allein ist bei rheumatischen Schmerzen schon sehr hilfreich, weil sie die Durchblutung anregt und dazu beiträgt, daß die Gifte aus dem Körper geschwemmt werden. Stellen Sie ein konzentriertes Massageöl her, indem Sie 30 Tropfen Teebaumöl mit 50 ml pflanzlichem Basisöl mischen. Tragen Sie es 2mal täglich auf.
- Setzen Sie Ihrem Badewasser zur Schmerzreduzierung 8–10 Tropfen Teebaumöl zu.
- Bei diesem Leiden ist Teebaumöl am besten in Kombination mit anderen ätherischen Ölen wie Kamille, Lavendel, Majoran und Rosmarin zu verwenden.

Siehe auch Arthritis, Muskelschmerz

Rissige Haut

Trockene, rissige Haut an Füßen und Händen ist ein weitverbreitetes Problem, vor allem während der Wintermonate. In schweren Fällen kann dies schmerzhaft sein, vor allem wenn das Auftreten der Hautrisse mit Erfrierungen oder Hautbeschwerden wie Schuppenflechte in Verbindung steht.

- Mischen Sie 3 Tropfen Teebaumöl mit 1 Teelöffel Weizenkeimöl (oder mit einer dicken, feuchtigkeitspendenden Creme), und massieren Sie die Mischung morgens und abends gut in die betroffenen Bereiche ein. Fahren Sie regelmäßig damit fort, bis eine Besserung eintritt.
- Weitere Maßnahmen: Benzoe, Lavendel, Myrrhe und Patschuli sind, wenn sie einzeln oder in Kombination miteinander benutzt und wie Teebaumöl eingesetzt werden, ebenfalls nützliche ätherische Öle gegen rissige Haut.

Scheidenentzündung

Siehe Weißfluß/Pruritus, Soor

Schnitt/Wunde

Kleine Schnitte und Kratzer sind die im Haushalt am häufigsten anzutreffenden Verletzungen, vor allem bei Kleinkindern. Wegen seiner ausgezeichneten antiseptischen und wundheilenden Eigenschaften ist Teebaumöl eine ideale Erste-Hilfe-Maßnahme bei allen Arten von kleineren Hautverletzungen. Es ist sehr mild und brennt kaum, wenn es auf kleinen offenen Wunden aufgetragen wird, darüber hinaus wirkt es als leichtes Anästhetikum und fördert die Durchblutung in dem betroffenen Bereich. Außerdem hat man herausgefunden, daß Schmutz oder Eiter die Wirksamkeit von Teebaumöl sogar noch erhöhen! (Siehe E. M. Humphrys Forschungsergebnisse in den dreißiger Jahren auf Seite 22.)

> *Ein Arzt in Evanston, Illinois (USA) berichtet von der erfolgreichen Behandlung einer abscheulichen Kopfverletzung, die wegen der Haare nicht heilen wollte; Ti-trol (Teebaumöl) bewirkte eine schnelle und gesunde Heilung.*[19]

- Reinigen Sie die Verletzung gründlich mit Wasser, dann tupfen Sie ein paar Tropfen reines Teebaumöl darauf. Schützen Sie die Stelle, falls erforderlich, mit einem Pflaster. Tragen Sie das Teebaumöl mehrmals am Tag auf, bis sich die Haut geschlossen hat.
- Weitere Maßnahmen: Reines Lavendelöl kann alternativ verwendet werden.

Schuppen

Dieses weitverbreitete, unangenehme Problem wird durch *Candida albicans* hervorgerufen – ein Pilz (auch bekannt als Hefepilz), der die Kopfhaut beeinträchtigt. Die Beschwerden können noch zunehmen, wenn die Talgdrüsen überaktiviert und zu viele chemische Haarmittel verwendet werden oder auch durch schlechte Ernährung sowie privaten und beruflichen Streß.

Teebaumöl kann viel zur Bekämpfung dieses Problems beitragen und zugleich den Allgemeinzustand und die Gesundheit des Haars verbessern. In den Worten eines australischen Arztes:

> *Eine anderes Übel, gegen das ich oft Teebaumöl verschreibe, sind Schuppen – viele Menschen ... leiden oft schon lange Zeit darunter und haben meist alle gängigen Mittel dagegen ausprobiert. Ein gutes Heilmittel gegen Schuppen ist Teebaumölshampoo, es ist sehr zu empfehlen, dazu auch Primelöl (abends), in Form von Primelölkapseln, und eine Antioxidationstablette 3mal am Tag – so kurieren Sie 99% aller Fälle von Schuppen.*[20]

- Mischen Sie 25 Tropfen Teebaumöl mit 50 ml leicht angewärmtem Jojoba- oder Kokosnußöl, und massieren Sie die Mischung in die Kopfhaut ein. Schlagen Sie Ihren Kopf in vorgewärmte Handtücher ein, und verbleiben Sie wenn möglich 1 Stunde lang in diesem Zustand. Waschen Sie danach die Mixtur mit einem 3prozentigen Teebaumölshampoo (ungefähr 5 Tropfen Teebaumöl auf 1 Teelöffel eines milden Shampoos) aus. Tragen Sie dabei erst das Shampoo auf, bevor Sie mit Wasser zu hantieren beginnen, denn sonst werden Ihre Haare ölig bleiben. Wiederholen Sie den beschriebenen Vorgang 1mal wöchentlich.

- Benutzen Sie ein 2–3prozentiges Teebaumölshampoo täglich oder in einem anderen zeitlichen Rhythmus (siehe Anleitungen auf Seite 41).
- Eine schnelle Methode besteht darin, zwischen zwei Waschvorgängen ein paar Tropfen reines Teebaumöl mit den Fingerspitzen in die Kopfhaut einzumassieren.

Siehe auch Haarpflege

Schuppenflechte

Schuppenflechte ist eine nichtansteckende Hautkrankheit, die in bezug auf Schwere und Häufigkeit stark variieren kann. Zu den häufigsten Symptomen gehören Schorf, schuppige Haut, ringförmige Läsionen, glatte, gerötete Flecken und akute Pusteln.

Man meint, daß Schuppenflechte durch eine Funktionsstörung der Hautenzyme zusammen mit einer verstärkten Veränderung der Epidermiszellen und einer Ausdehnung der Hautkapillargefäße zustande kommt. Die Krankheit wird durch mentalen Streß verstärkt und oft mit irgendeiner tiefsitzenden emotionalen Störung in Zusammenhang gebracht. Die Behandlung der Symptome sollte daher am besten parallel zu einer psychologischen Beratung oder zu einer Erforschung möglicher Ursachen und unterstützender Faktoren durchgeführt werden. Nahrungsmittelallergien, Vitaminmangel und Umwelteinflüsse können ebenfalls das Ihrige zu dieser qualvollen Erkrankung beitragen.

In Anbetracht der oben genannten Faktoren ist Schuppenflechte eine schwer zu behandelnde Krankheit und muß möglicherweise auf mehr als eine Art behandelt werden. Auf der symptomatischen Ebene werden jedoch Teebaumöl, Cajeput und Myrrhe recht erfolgreich eingesetzt.

- Vermischen sie 50 ml Avokadoöl, 50 ml Boretschkeimöl (oder Primelöl) und ein wenig Weizenkeimöl zu einer dicken Lotion. Fügen sie noch 30 Tropfen Teebaumöl, 10 Tropfen Cajeput und Myrrhe hinzu. Tragen sie die Lotion mindestens 2mal täglich auf den betroffenen Bereich auf.
- Weitere Maßnahmen: Lösen Sie Meersalz in Ihrem Badewasser auf, und setzen Sie Ihre Haut der Sonne aus. Beides kann in manchen Fällen hilfreich sein.

Schweißfüße

Teebaumöl ist ein ausgezeichnetes Desinfektionsmittel und Deodorant mit einem frischen, angenehmen Duft.

- Geben Sie 5–10 Tropfen Teebaumöl in eine Schale mit warmem Wasser, und lassen Sie Ihre Füße jeden Abend 5 Minuten darin weichen.
- Als Sofortmaßnahme können Sie ein paar Tropfen Teebaumöl jeden Morgen direkt in die Sohlen Ihrer Füße einmassieren.

Skabies

Skabies ist eine sehr ansteckende Hautkrankheit, die durch Krätzmilben *(Sarcoptes scabiei)* verursacht wird. Sie kommt in Gebieten mit Schafzucht häufig vor, wo der Landarbeiter mit den Milben, die sich in der Schafwolle befinden, in Berührung kommt. Man kann auch in Umkleidekabinen infiziert werden oder sogar durch Geldstücke – die Milben benötigen keinen direkten Kontakt, um von einem Menschen zum nächsten zu gelangen. Die weiblichen Milben legen ihre Eier unter der Haut ab, und wenn die gerade ausgeschlüpften Milben ihren Weg an die Oberfläche suchen, hat das extreme Irritation und

Juckreiz zur Folge – vor allem nachts. Eventuell tauchen kleine rote Pickel auf, und beim Kratzen entstehen kleine Wunden, die sich möglicherweise entzünden. Häufig betroffene Körperpartien sind die Leistengegend, Penis, Brustwarzen und die Haut zwischen den Fingern.

- Waschen Sie die betroffenen Stellen vorsichtig, und behandeln Sie sie danach mit einer 5prozentigen nichtfettenden Creme oder einem Gel (siehe Hinweise auf Seite 42) – wiederholen Sie dies 2- oder 3mal am Tag.
- Setzen Sie Ihrem Badewasser als Routinemaßnahme zur Desinfektion 8–10 Tropfen Teebaumöl zu.
- Während der Behandlung ist peinliche Hygiene erforderlich. Um eine Neuinfektion zu verhindern, wechseln und waschen Sie Kopfkissenbezüge, Handtücher, Bettwäsche, Kleidungsstücke (insbesondere die aus Wolle) etc., und verteilen dabei ein paar Tropfen Teebaumöl im Waschwasser – reiben Sie auch die Matratze mit einer Lösung ab, die aus 10% Teebaumöl in Alkohol besteht.
- Andere hilfreiche ätherische Öle: Lavendel und Pfefferminze.

Sonnenbrand

Teebaumöl ist sehr nützlich unter heißen klimatischen Bedingungen – nicht zuletzt, weil es ausgezeichnet gegen Sonnenbrand hilft. Wenn Sie es so schnell wie möglich auftragen, kann es Ihnen sofortige Erleichterung bei Hitzeausschlag oder bei geröteter und wunder Haut verschaffen – es kann auch die Blasenbildung vermeiden.

- Für große Körperpartien stellen Sie eine Lotion zusammen, indem Sie 12 Tropfen Teebaumöl mit 1 Eßlöffel destilliertem Wasser vermischen (oder mit einem Gel auf Wasserbasis, dem Sie 5–10% Teebaumöl hinzufügen); damit reiben Sie den betroffenen Bereich vorsichtig ein.

- Auf ernsthaft sonnenverbrannte Partien tragen Sie das Teebaumöl unverdünnt auf.
- Weitere Maßnahmen: Legen Sie sich in eine Badewanne mit lauwarmem Wasser, dem Sie 6–8 Tropfen Teebaumöl oder Kamille, die stark beruhigend wirkt, zusetzen; Lavendel ist ebenfalls ein sehr wirkungsvolles Mittel, wenn es auf die gleiche Art zur Anwendung kommt wie Teebaumöl.

Siehe auch Verbrennung

Soor

Soor wird durch einen hefeähnlichen Pilz namens *Candida albicans* (früher unter dem Namen *Monilia albicans* bekannt) verursacht. Dieser Organismus kommt auf natürliche Weise im Körper vor und ist nur dann schädlich, wenn er sich übermäßig vermehrt. Manche Menschen sind für solche Infektionen anfälliger als andere, was auf Nahrungsmittelallergie, ein schwaches Immunsystem, Streß und, recht häufig, vorherige Antibiotikabehandlungen zurückgeführt werden kann. Letzteres erklärt sich daraus, daß Antibiotika nicht nur Keime, sondern auch einen Teil der Darmflora töten, die normalerweise die Candida-Organismen in Schach hält.

Bei Frauen ist der Ort der Infektion häufig die Scheide, wobei die Symptome dieser quälenden Erkrankung auch schweren Juckreiz, Hautrötung und oft einen milchig-weißen Ausfluß umfassen. Teebaumöl ist sehr wirksam bei der Behandlung dieser unangenehmen Erkrankung.[21]

Anmerkung: Es ist zwar normal, wenn man bei Teebaumöl im Scheidenbereich eine zeitweilige Erwärmung verspürt; brechen Sie die Behandlung jedoch ab, sofern sich daraus ein irritierendes Brennen entwickelt.

- Eine einfache Art, Soor vaginalis zu behandeln, besteht darin, einen Tampon in eine Lösung aus 1% Teebaumöl in abgekochtem oder destilliertem Wasser (20 Tropfen auf 100 ml Wasser) zu legen. Führen Sie den Tampon in die Vagina ein, und wechseln Sie ihn mindestens alle 24 Stunden aus. (Diese Anwendung ist am Annandale Women's Center in Sydney, Australien, zur Routine geworden.)
- Alternativ können Vaginalzäpfchen mit einer 2prozentigen Teebaumölverdünnung in einer Basis aus Kakaobutter zur Anwendung gebracht werden – wärmen Sie die Kakaobutter leicht auf, fügen Sie das Teebaumöl hinzu, formen Sie Kügelchen daraus, die Sie hart werden lassen. Sie können diese Zäpfchen täglich in die Scheide einführen.
- Für eine Vaginaldusche geben Sie 10 Tropfen Teebaumöl auf 500 ml abgekochtes oder destilliertes Wasser – Sie sorgen damit dafür, daß Infektion, Irritation und Unbehagen zurückgehen. Die Duschen eignen sich für die Zeit, die zwischen den oben beschriebenen Anwendungen liegt.
- Für ein Sitzbad geben Sie 8–10 Tropfen Teebaumöl in eine Wanne oder Schüssel, in der sich bereits warmes Wasser befindet, und setzen sich 5–10 Minuten hinein.
- Baden Sie täglich, und setzen Sie Ihrem Badewasser als allgemeine Vorbeugemaßnahme 8–10 Tropfen Teebaumöl zu.
- Um eine Neuinfizierung zu vermeiden, muß sich Ihr Sexualpartner zur selben Zeit der gleichen Behandlung unterziehen. Balanitis (eine Candida-Infektion des Penis) kann behandelt werden, indem der betroffene Bereich sorgfältig mit einer 1prozentigen Lösung aus Teebaumöl in destilliertem Wasser (20 Tropfen auf 100 ml Wasser) 4mal am Tag gewaschen wird.
- Während der Behandlung empfiehlt es sich, viel Joghurt mit lebenden Kulturen zu essen, acidophile Kapseln einzunehmen, Alkohol zu vermeiden und zucker- wie stärkereiche

Nahrungsmittel auf ein Minimum zu reduzieren. Für jene, die immer wieder unter Soor leiden, muß diese Diät vielleicht einen langfristigen Charakter annehmen.
Siehe auch Candidamykose

Splitterverletzung

Geben Sie immer, wenn Sie einen Splitter entfernt haben, einen Tropfen Teebaumöl auf die Stelle, um eine Entzündung zu verhindern. Splitter können gefährlich werden, wenn sie sich erst einmal entzünden – oft deshalb, weil ein kleiner Teil des herausgezogenen Splitters in der Wunde zurückbleibt.

- Wenn sich die Splitterverletzung entzündet hat, wund ist oder eitert: Reinigen Sie den Bereich sanft, tragen Sie reines Teebaumöl auf, verschließen Sie die Verletzung mit einer Tonerdepackung oder einem Pflaster, und belassen Sie sie für 2 Stunden in diesem Zustand. Entfernen Sie den Splitter, der nun leichter herauszuziehen ist, mit einer Pinzette. Wiederholen Sie die ganze Prozedur, wenn es nicht gleich beim ersten Mal funktioniert. Anschließend träufeln Sie wieder einige Tropfen Teebaumöl auf die Wunde und schützen sie erneut mit einem Pflaster.
- Andere hilfreiche ätherische Öle sind Lavendel und Kamille (bei Entzündungen).

Tinea

Tinea wird von einem mikroskopisch kleinen Schimmelpilz verursacht, der sich auf mehrere Arten manifestieren kann, wobei das vorrangige Symptom jedoch bei allen Tinea-Arten eine gerötete, schuppige und juckende Haut ist. Tinea pedis wird durch den ebenfalls *Tinea pedis* genannten Organismus verursacht, Trichophytie im allgemeinen durch *Tinea capitis*, Wäscherkrätze, die sich besonders in heißen Klimata in der Leistengegend ausbreitet, durch *Tinea cruris*, und *Tinea barbis* zieht Gesicht und Hals in Mitleidenschaft.

Für die Behandlung siehe Schuppenflechte, Tinea barbis, Tinea pedis, Wäscherkrätze

Tinea barbis

Tinea barbis wird durch den Pilz *Tinea barbis* hervorgerufen. Die Erkrankung ist gekennzeichnet durch viele kleine rote Pikkel, die im Gesichts- und Halsbereich auftreten – dabei ist die Haut oft schuppig und wund. Dieser Zustand wird durch die Rasur noch verschlimmert und kann von Akne begleitet sein.

- Bereiten Sie aus 3–5 Tropfen Teebaumöl, das Sie mit einem Teelöffel Gel auf Wasserbasis vermischen, eine beruhigende Lotion zu, und tragen Sie sie morgens und abends auf. (Vermeiden Sie strenge Seifen und kommerzielle Aftershaves.)
  Siehe auch Tinea

Tinea pedis

Tinea pedis ist eine Pilzerkrankung, die durch *Tinea pedis* hervorgerufen wird und im allgemeinen durch gerötete, nässende oder schuppige Haut und Juckreiz zwischen den Zehen gekennzeichnet ist. Manchmal sind die Sohlen und Fersen mit weißer schuppiger Haut bedeckt – die Krankheit kann sich auch auf die Finger oder Fingernägel ausbreiten.

Die betroffenen Hautpartien werden üblicherweise rissig und schmerzhaft. Den Füßen sollte dann so oft wie möglich Gelegenheit zum »Atmen« gegeben werden. Große Ansteckungsgefahr besteht bei *Tinea pedis* in Umkleidekabinen und

Schulen. Teebaumöl hat sich bei der Behandlung als sehr wirkungsvoll erwiesen.

- Waschen und trocknen Sie Ihre Füße gründlich, tragen Sie danach reines Teebaumöl auf die betroffenen Bereiche auf. Setzen Sie diese Behandlung 2–3mal täglich fort, bis sich der Zustand bessert.
- Außerdem ist es hilfreich, die Füße 5–10 Minuten täglich in einem Teebaumölfußbad (5–10 Tropfen in einer Schüssel mit warmem Wasser) weichen zu lassen.
- Setzen Sie für alle Fälle auch Ihrem Badewasser 8–10 Tropfen Teebaumöl zu.

Siehe auch Tinea

Trichophytie

Eine Reihe unterschiedlicher Pilzorganismen können Trichophytie verursachen, doch in seiner bekanntesten Form befällt Trichophytie die Kopfhaut (*Tinea capitis*) und verursacht schorfige Haut und Juckreiz – zeitweise können auch kahle Stellen auftreten.

Teebaumöl ist sehr wirkungsvoll bei der Behandlung des Tinea-Pilzes in seinen unterschiedlichen Formen, zu Veränderungen kommt es in der Regel innerhalb weniger Tage.

- Bereiten Sie eine 5prozentige Teebaumölcreme, ein entsprechendes Gel oder eine Ölmischung zu (siehe Seite 42), und tragen Sie diese 3–4mal täglich auf die betroffene Haut auf. Alternativ kann reines Teebaumöl direkt auf kleinere Stellen aufgetragen werden.
- Bei Trichophytie am Kopf erfolgt die Teebaumölbehandlung in gleicher Weise. Zusätzlich waschen Sie die Haare täglich mit Teebaumölshampoo (siehe Hinweise Seite 41).

- Um das Nachwachsen der Haare, die durch die Infektion ausgefallen sind, zu unterstützen, ersetzen Sie Teebaumöl durch Rosmarinöl in einer 5prozentigen Creme und massieren diese in die kahlen Stellen ein. Außerdem sollten Sie ein Rosmarinshampoo verwenden und einige Tropfen Rosmarin bei der letzten Spülung im Haar verteilen.
- Als zusätzliche Maßnahme setzen Sie Ihrem Badewasser 8–10 Tropfen Teebaumöl zu.
- Kämme, Bürsten, Kleidungsstücke, Bettzeug etc. sollten desinfiziert werden, indem Sie dem Waschwasser einige Tropfen Teebaumöl zufügen.
- Andere hilfreiche ätherische Öle, die Sie in Verbindung mit Teebaumöl verwenden können, sind Lavendel und Myrrhe.

Siehe auch Desinfektionsmittel, Tinea

Verbrennung

Verbrennungen können durch trockene oder feuchte Hitze (Verbrühungen) entstehen und sind oft sehr schmerzhaft. Geringfügige Verbrennungen reagieren außerordentlich gut auf die Behandlung mit ätherischen Ölen, da diese den Schmerz lindern, die Blasenbildung oder Infektion verhindern und die Heilung unterstützen.

Anmerkung: Schwere Verbrennungen, vor allem wenn sie von einem Schockzustand begleitet werden, bedürfen der sofortigen ärztlichen Behandlung.

Teebaumöl wird in Australien immer mehr zu einem festen Bestandteil von Mitteln gegen Verbrennungen:

> *Abgesehen von der schnelleren Heilung und dem Ausbleiben einer Entzündung, habe ich besonders die Schmerzlinderung gleich nach dem ersten Auftragen als hilfreich beobachtet.*[22]

- Halten Sie die betroffene Körperstelle unverzüglich mindestens 5 Minuten lang unter fließendes kaltes Wasser, und tragen Sie anschließend reines Teebaumöl auf die Verbrennung auf. Setzen Sie die Behandlung mindestens 3mal am Tag fort, so lange bis die Haut geheilt ist.
- Alternativ können Sie die Stelle mit einem Gel auf Wasserbasis, in dem 5–10% Teebaumöl enthalten sind, einreiben.
- Weitere Maßnahmen: Lavendelöl ist bei Verbrennungen ebenfalls sehr hilfreich, wenn es auf die gleiche Weise wie Teebaumöl eingesetzt wird.

Wäscherkrätze

Wäscherkrätze ist eine Pilzinfektion, die durch den Erreger *Tinea cruris* ausgelöst wird. Im allgemeinen sind nur Männer, besonders in den Sommermonaten oder in heißen Klimazonen, betroffen. Entzündete Pickel tauchen auf der Innenseite der Oberschenkel auf und entwickeln sich zu schuppigen, geröteten und juckenden Flächen mit klar gezeichneten Rändern.

- Waschen und trocknen Sie die betroffenen Partien gründlich, und tragen Sie 2mal täglich reines Teebaumöl auf.
- Vermeiden Sie enge, synthetische Kleidung, und lassen Sie an die wunde Stelle soviel »Atmung« wie möglich heran.

Siehe auch Tinea

Warze

Warzen sind kleinc (oft harte) gutartige Gewächse, die im allgemeinen an den Händen, Fingern, im Gesicht, an den Ellbogen oder Knien erscheinen. In der Regel verschwinden sie wieder nach einer gewissen Zeit, doch weil sie unansehnlich sind, greifen die meisten Menschen auf eine »Warzenkur« zurück. Es gibt viele höchst dubiose Volksheilmittel für Warzen; moderne Methoden bestehen darin, sie aus dem Fleisch zu brennen oder eine stark ätzende Paste aufzutragen.

Dorn- oder Sohlenwarzen werden durch ein Virus verursacht und treten normalerweise an den Fußsohlen, oft am Zehenansatz, auf. Kleine schwarze Punkte sind im Zentrum des Virus sichtbar, und weil Druck auf solchen Warzen lastet, können sie sehr schmerzhaft sein.

Von beiden Warzenarten kann man sich auch längerfristig nur schwer befreien. Doch für alle modernen Mittel gilt die Tatsache, daß sie das umliegende gesunde Gewebe ebenso zerstören wie die Warze und daß sie die natürliche Immunität des Körpers mindern und damit die Wahrscheinlichkeit der Neuinfektion vergrößern.

- Warzen verschwinden oft, wenn sie 3mal am Tag mit reinem Teebaumöl betupft werden. (Es kann jedoch einen Monat dauern, bis das Öl wirkt, also ist ein wenig Durchhaltevermögen erforderlich!)
- Dornwarzen sollten täglich mit einer 50prozentigen Mischung aus Teebaumöl und Myrrheharz bestrichen und dann mit einem Pflaster geschützt werden. Nach ein paar Tagen, wenn die Haut gelblich und schwammig geworden ist, sollten die schwarzen Punkte des Virus mit einer Nadel oder einer Nagelschere ausgegraben werden. Danach führt man die Behandlung fort (normalerweise über etwa 6 Wochen, je nach Schwere des Befalls), bis die Haut verheilt ist.

Weißfluß/Pruritus

Weißfluß ist die Folge einer Scheidenentzündung, die durch die starke Vermehrung unerwünschter Bakterien oder Pilze entsteht und eine Reihe von Ursachen haben kann. Es handelt sich häufig um einen dicken weißen oder gelblichen Ausfluß, verbunden mit einem starken Juckreiz im Scheidenbereich.

Dieser Juckreiz oder Pruritus ist ein irritierender Zustand, der normalerweise jede mildere Scheidenentzündung begleitet wie zum Beispiel Scheidenkatarrh oder Zervizitis.

Teebaumöl wurde als sehr hilfreich bei der Behandlung all dieser Erkrankungen erfahren:

> *Es befreit vom Juckreiz bei genitalem Virusbefall, bei Candida-Befall oder unspezifischer bakterieller beziehungsweise viraler Infektion. Es schafft Erleichterung in bezug auf die Symptome, hilft bei der Überwindung der Infektion … und behandelt auf diese Weise die Ursache des Problems.*[23]

- Für ein Sitzbad geben Sie 8–10 Tropfen Teebaumöl in eine kleine Wanne oder in eine Schüssel mit warmem Wasser und lassen es 5–10 Minuten einwirken.
- Baden Sie täglich, wobei Sie Ihrem Badewasser 8–10 Tropfen Teebaumöl als allgemeine keimtötende Maßnahme zusetzen.
- Bereiten Sie sich eine 1prozentige Teebaumölsalbe zu, indem Sie eine hypoallergene milde Creme als Basis verwenden (siehe Anweisungen auf Seite 42). Tragen Sie sie nach Bedarf auf die betroffene Stelle auf.
- Darüber hinaus sollten Sie enge Kleidung, Nylon-Unterwäsche und starke Whirlpool-Bäder vermeiden; machen Sie eine Kur mit Knoblauchkapseln, und halten Sie sich beim Genuß von Tee, Kaffee, Alkohol und Gewürzen soweit wie möglich zurück; weitere nützliche Öle sind Lavendel, Bergamotte und Sandelholz.

Siehe auch Blasen-/Harnröhrenentzündung, Soor

Windelausschlag

Windelausschlag, ein weitverbreitetes Problem bei Babys, ist oft eine Form von Dermatitis oder Ekzem, die durch die Reaktion der Haut auf Urinsäure ausgelöst wird. Doch manche Arten von Windelausschlag gehen auch auf eine Candidamykose zurück, die das Baby sich zuzieht, wenn es durch den Geburtskanal gelangt.

- Windelausschlag kann durch die Ergänzung der Babycreme um 1 Tropfen Teebaumöl und das Auftragen bei jedem Windelwechsel gemildert werden.
- Vermeiden Sie eine Neuinfektion, indem Sie 3 Tropfen (1 Tropfen für Babys unter 18 Monaten) Teebaumöl in 1 Teelöffel Pflanzenöl auflösen und regelmäßig dem Babybadewasser hinzufügen, und indem Sie beim Auswaschen von Windeln, Handtüchern und Babykleidung dem Wasser einige Tropfen Teebaumöl zusetzen.
- Andere nützliche ätherische Öle sind Kamille und Lavendel.

Siehe auch Candidamykose

Windpocken

Windpocken sind eine höchst ansteckende Virusinfektion – normalerweise kommt sie in der Kindheit zum Ausbruch –, die durch *Varicella-zoster*-Viren, die auch für den Ausbruch von Gürtelrose verantwortlich sind, herbeigeführt wird. Es entsteht Fieber, und juckende Flecken breiten sich aus, die zu Blasen und später zu Schorf werden.

Teebaumöl ist wegen seiner antiviralen, immunstimulierenden, schmerzlindernden und schweißtreibenden Eigenschaften gegen Windpocken besonders effektiv. Es vermindert den Juckreiz, fördert die Heilung der Flecken und verhindert auf diese Weise eine mögliche Infektion oder Narbenbildung durch

Kratzen. In einem dokumentierten Fall wurde ein elfmonatiges Baby, das schwer unter Windpocken litt, in einer Lösung gebadet, die 2 Tropfen Teebaumöl und 1 Tropfen Kamille enthielt, und zeigte eine Besserung innerhalb einer Stunde. Nach zwei weiteren Badevorgängen schlief es den Großteil der Nacht gut.

Am nächsten Morgen waren ein Großteil der Bläschen um die Hälfte kleiner und alle weiteren, die nach dieser Maßnahme entstanden, blieben klein. Ich habe sie so lange 2mal täglich gebadet, bis der Schorf abfiel, und sie hat jetzt weniger Narben als Emma oder Michael, obwohl gerade bei ihr die Windpocken besonders ausgeprägt waren.[24]

Bei Erwachsenen kann ein Ausbruch von Windpocken gefährlicher sein, da er von hohem Fieber und Schmerzen begleitet wird.

Eine weitere Fallgeschichte berichtet von einem Mann, der an Windpocken erkrankt war und dessen Körper (nicht die Gesichtshaut) mit Teebaumöl in einer Alkohollösung betupft wurde. Es verschaffte ihm darüber hinaus große Erleichterung, 3mal am Tag zu baden, wobei sein Badewasser eine Mischung aus Teebaumöl, Lavendel und Kamille enthielt.

Bei der Anwendung von Teebaumöl war es besonders interessant zu beobachten, daß sich die sehr großen Flecken auf seinem Körper viel schneller klärten als jene auf seinem unbehandelten Gesicht und daß viele von ihnen gar nicht erst ihre volle Größe erreichten, während der größere Teil der Flecken in seinem Gesicht sich zu großen Blasen entwickelte und Schorf bildete, wie es für Windpocken typisch ist.[25]

- Verwenden Sie während des gesamten Verlaufs der Krankheit Teebaumöl in einem Luftbefeuchter.
- Weichen Sie Ihren Körper häufig – am besten alle paar Stunden – 10–15 Minuten lang in lauwarmem Badewasser, das eine Mischung aus Teebaumöl, Lavendel und Kamille enthält. Bei Babys geben Sie 2 Tropfen Teebaumöl und 1 Tropfen Kamille (oder Lavendel), aufgelöst in 1 Teelöffel Alkohol, ins Badewasser; bei größeren Kindern nehmen Sie 3 Tropfen Teebaumöl und 2 Tropfen Kamille (oder Lavendel); bei Erwachsenen setzen Sie dem Badewasser 5 Tropfen Teebaumöl und 5 Tropfen Kamille (oder Lavendel), aufgelöst in 1 Teelöffel Alkohol, zu.
- Lösen Sie 25 Tropfen Teebaumöl (für Kinder nur 15 Tropfen) und jeweils 10 Tropfen Lavendel und Kamille (für Kinder je 5 Tropfen) in einem Dessertlöffel Alkohol auf, mischen Sie dann das Ergebnis mit 50 ml Rosenwasser und 50 ml Hamamelis. Schütteln Sie das Gemisch vor der Anwendung gut, und tragen Sie es mit Hilfe eines Wattebauschs oder mit Gaze häufig auf die Flecken auf.
  Anmerkung: Diese Behandlung eignet sich nicht für Neugeborene.
- Weitere Maßnahmen: Eine Handvoll kolloidalen Hafermehls (erhältlich in den meisten Apotheken) kann dem Badewasser ebenfalls hinzugefügt werden, um den Juckreiz zu lindern und die Heilung zu fördern.

Wunde

Siehe Schnitt/Wunde

Zahnfleischentzündung

Siehe Mund- und Zahnfleischentzündung

Zecke/Blutegel

Teebaumöl kann verwendet werden, um Zecken und Blutegel abzuwehren – die frühen Teebaumöl-Erntearbeiter gaben das Öl auf ihre Socken, um Blutegel, die in der sumpfigen Küstenregion Australiens häufig vorkommen, fernzuhalten. Wenn sich diese blutsaugenden Parasiten erst einmal an der Haut festgesaugt haben, sind sie nur mit Mühe wieder zu entfernen – Teebaumöl ist auch in dieser Hinsicht äußerst hilfreich.

- Verteilen Sie reines Teebaumöl auf die lebende Zecke oder den Blutegel wie auch auf die umliegende Haut, und lassen Sie es mindestens 20 Minuten wirken. Dann nehmen Sie alle Zecken oder Blutegel, die noch nicht von selbst abgefallen sind, vorsichtig mit der Hand ab.
- Tragen Sie eine Woche lang reines Teebaumöl 3mal täglich auf den Zecken-/Blutegelbiß auf, um die Irritation zu beruhigen und eine mögliche Infektion zu vermeiden.

Anhang

Andere ätherische Öle aus der Teebaumölgruppe

Viele Pflanzen aus der Teebaumgruppe, nicht nur *Melaleuca alternifolia*, produzieren ebenfalls ätherische Öle, die in einem gewissen Maße heilkräftig sind. Hunderte wurden analysiert, doch nur wenige haben kommerzielle Bedeutung erlangt. Von diesen sollen erwähnt werden:

Melaleuca cajeputi beziehungsweise
Melaleuca minor
Ein graziöser Baum von bis zu vierzehn Metern Höhe, der im südöstlichen Asien, vor allem auf der malaiischen Halbinsel und in Australien, vorkommt. Im Osten wird sein ätherisches Öl unter dem Namen Cajeput als populäres Hausmittel und als Insektizid verwendet. Ähnlich wie Niauliöl enthält es hauptsächlich Cineol (fünfzig bis fünfundsechzig Prozent) und kann somit eventuell zu Hautreizungen führen.

Melaleuca viridiflora beziehungsweise
Melaleuca quinquenervia
Ein sehr hoher, kräftiger Baum, der bis zu achtzehn Meter groß wird und in Australien, Tasmanien sowie auf den französischen Pazifikinseln vorkommt. Das unter dem Namen »Niauli« oder »Gomenol« bekannte ätherische Öl wird dort als Desinfektionsmittel und Medikament, vor allem wegen seiner antiseptischen Eigenschaften, eingesetzt. Wie Cajeput enthält es hauptsächlich Cineol (fünfzig bis fünfundsechzig Prozent) und kann damit unter Umständen zu Hautreizungen führen. Wird häufig verfälscht.

Melaleuca linariifolia
Dabei handelt es sich um eine sehr viel hochwüchsigere Art als *Melaleuca alternifolia*. Bevor *Melaleuca alternifolia* von Cheel einen eigenen Rang bekam, wurde der Baum als Unterart der *Melaleuca linariifolia* beschrieben (und von Smith klassifiziert). Beide Arten werden noch immer wegen ihrer Öle angebaut, die bedauerlicherweise oft beide unter dem Namen *Melaleuca alternifolia* verkauft werden. Der wichtigste Unterschied zwischen den ätherischen Ölen beider Arten besteht in einem umgekehrten Verhältnis von alpha-Thujen und alpha-Pinen – *Melaleuca linariifolia* besitzt darüber hinaus einen sehr hohen Cineol-Gehalt. Davon abgesehen, sind die Bestandteile beider Öle gleich.

Andere Arten
Melaleuca bracteata, Melaleuca thymifolia, Leptospermum petersonii beziehungsweise *Leptospermum citratum* und *Leptospermum liversidgei.*

Die wesentlichen Bestandteile des Teebaumöls

Alpha-Pinen	2,6%
Alpha-Thujen	0,9%
Camphen	kleine Spur
Beta-Pinen	0,3%
Sabinen	0,2%
Myrcen	0,5%
Alpha-Phellandren	0,3%
1,4-Cineol	kleine Spur
Alpha-Terpinen	10,4%
Limonen	1,0%
Beta-Phellandren	0,9%
1,8-Cineol	5,1%
Gamma-Terpinen	23,0%
Trans-beta-Ocimen	kleine Spur
Beta-Caryophyllen	0,1%
Beta-Gurjunen	0,1%
Aromadendren	1,5%
Terpinen-4-ol	40,1%
Alpha-Bulnesen	kleine Spur
Allo-Aromadendren	0,3%
Humulen	Spur
Trans-Piperitol	Spur
Gamma-Piperitol	kleine Spur
Viridifloren	1,0%
Alpha-Terpineol	2,4%
Piperiton	
Alpha-Muurolen	0,1%
Alpha-Amorphen	Spur
Para-Cymen	2,9%
Terpinolen	3,1%
Hexanol	
Allylhexanoat	
Para-Alpha-Dimethylstyren	Spur
$C_{15}H_{24}$	kleine Spur
Alpha-Cubeben	Spur
Trans-Sabinen Hydrat	Spur
Alpha-Ylangen	kleine Spur
Alpha-Copaen	Spur
Kampfer	
Alpha-Gurjunen	0,2%
Linalool	Spur
Cis-Sabinen Hydrat	Spur
Trans-Menth-2-en-1-ol	0,2%
Beta-Elemen	0,1%
Bicyclogermacren	0,1%
Cis-Piperitol	Spur

Delta-Cadinen	1,3%	Ledol	kleine Spur
Cadina-1,4-dien	0,1%	Cubenol	0,1%
Nerol	kleine Spur	Globulol	0,2%
Para-Cymen-8-ol	kleine Spur	Viridiflorol	0,1%
Calamenen	0,1%	Rosifoliol	Spur
Palustrol	Spur	Spathulenol	Spur
Methyl Eugenol	Spur	1,2,4-Trihydroxy-Menthan	Spur

Wiedergegeben mit freundlicher Genehmigung aus: »The Composition of Australian Tea Tree Oil« von G. Sword und G. L. Hunter (in: *J. Agric. Food Chem., 1989,* Band 37, Nr. 5). Copyright 1989 American Chemical Society.

Anmerkungen

Teebaumöl – eine Einführung

1 Zitiert in S. Drury, *Tea Tree Oil.* C. W. Daniel 1991, S. 3.

Volkstümliches Heilmittel der australischen Aborigines

1 Captain James Cook, *Entdeckungsfahrten im Pacific.* Die *Logbücher der Reisen 1768–1779.* Stuttgart: Thienemanns 1983, S. 138.
2 T. Low, *Bush Medicine.* Collins, Angus & Robertson 1991, S. 95.
3 J. White, *Journal of A Voyage to New South Wales.* London 1790, zitiert in: A. B. Cribb und J. W. Cribb, *Useful Wild Plants in Australia.* Collins 1982, S. 16.

Frühe medizinische Untersuchungsberichte

1 E. M. Humphrey, »A New Australian Germicide«, in: *Medical Journal of Australia,* 1930, Bd. 1, S. 417.
2 In: *Australian Journal of Dentistry,* August 1930, zitiert in: Drury, *Tea Tree Oil,* S. 20.
3 A. R. Penfold, »Some Notes on the Essential Oil of *Melaleuca alternifolia*«, in: *Australian Journal of Pharmacy,* 30. März 1937, S. 274.

Spätere Beweise

1 Zitiert in: Drury, *Tea Tree Oil,* S. 48.
2 E. F. Pena, »*Melaleuca alternifolia* Oil: Its Use for Trichomonal Vaginitis and Other Vaginal Infections«, in: *Journal of Obstetrics and Gynecology,* 1962, Bd. 19, S. 792.
3 M. Walker, »Clinical Investigation of Australian *Melaleuca alternifolia* for a Variety of Common Foot Problems«, *in: Current Pediatry,* April 1972.
4 P. Belaiche, »Treatment of Skin Infection with the Essential Oil of *Melaleuca alternifolia*« und »Treatment of Vaginal Infections of *Candida albicans* with the Essential Oil of *Melaleuca alternifolia*«, in: *Phytotherapy,* 1985, Bd. 15.
5 R. S. C. Barnetson, in: *Australian Journal of Pharmacy,* Oktober 1990.

6 A. L. Blackwell, in: *The Lancet*, 1991, Bd. 337, S. 300.
7 A. Shemesh & W. L. Mayo, »Tea Tree Oil – Natural Antiseptic and Fungicide«, in: *International Journal of Alternative and Complementary Medicine*, Dezember 1991, S. 12.

Herstellung, chemische Zusammensetzung und Qualitätskontrolle

1 Basierend auf einer detaillierten Analyse von Sword & Hunter, Composition of Australian Tea Tree Oil, in: *J. Agric. Food Chem.*, 26. März 1978.

Anwendungsmethoden, Vorsichtsmaßnahmen und Aufbewahrungshinweise

1 A. C. de Groot & J. W. Weyland, »Contact Dermatitis«, 1992, Bd. 27. Nr. 4, zitiert in: *Natural Database U. K. Aromatherapy*, Bd. 1, S. 22.
2 R. Tisserand, »Athlete's Foot«, in: *International Journal of Aromatherapy*, 2. März 1989, S. 19.

Anwendungen zur Pflege der Gesundheit von A bis Z

1 Zitiert in: Drury, *Tea Tree Oil*, S. 52.
2 E. MacNamara (Sydney, Australien), zitiert in: Drury, *Tea Tree Oil*, S. 57.
3 R. Ryan, »Oil of *Melaleuca alternifolia* Dissolved in Liquid Carbon Dioxide Propellant (Bactigas. TM) Used for the Control of Bacteria and Fungi in Air Conditioning Systems«, in: *Modern Phytotherapy – The Clinical Significance of Tea Tree and Other Essential Oils*, Bd. 2, S. 70.
4 Cabot, *The Use of Tea Tree*, S. 5.
5 In: *Journal of Allergy and Clinical Immunology*, November 1993, Bd. 92, S. 771–772.
6 Penfold, »Some Notes«, S. 274.
7 T. Lorette (El Toro, Kalifornien), zitiert in: Olsen, *Australian Tea Tree Oil*, S. 18.
8 Pro. Anderson. Auszüge aus den Akten des Museum of Applied Arts and Sciences, Sydney 1974, zitiert in: Olsen, *Australian Tea Tree Oil*, S. 25.
9 Siehe die Shemesh- und May-Studie im dritten Kapitel, Seite 28.
10 C. DeYoung (Rockwall, Texas), zitiert in: Olsen, *Australian Tea Tree Oil*, S. 20.

11 B. Moyers, *Healing and the Mind,* Thorsons 1993.

12 »AIDS Feature«, in: *International Journal of Aromatherapy,* 1988, Bd. 1, Nr. 3.

13 Geoff Searle (Avalon, New South Wales), zitiert in: Olsen, *Australian Tea Tree Oil,* S. 17.

14 Zitiert in: Olsen, *Australian Tea Tree Oil,* S. 19.

15 Persönlicher Brief von D. Sharp an Aqua Oleum.

16 Humphrey, A New Australian Germicide, siehe S. 21.

17 Dr. P. Belaiche, siehe S. 26.

18 C. W. Olsen, Case Studies and Testimonials, in: *Australian Tea Tree Oil,* Kali Press 1989, S. 15

19 Penfold, »Some Notes«, S. 274.

20 Dr. S. Cabot, »The Use of Tea Tree in Clinical Practice«, in: *Modern Phytotherapy – The Clinical Significance of Tea Tree and Other Essential Oils,* Bd. 1, S. 4.

21 Siehe die Berichte von Pena, Belaiche und Blackwell auf den Seiten 26, 28.

22 J. Price, »The Use of Tea Tree Oil in Burn Treatment Products«, in: *Modern Phytotherapy – The Clinical Significance of Tea Tree and Other Essential Oils.* Proceedings of a Two-day Conference at Macquarie University, Sydney, 1. und 2. Dezember 1990, Bd. 1, S. 56.

23 Cabot, »The Use of Tea Tree«, S. 4.

24 »Ti-tree Oil and Chickenpox«, in: *Aromatherapy Quarterly,* Sommer 1986, S. 12.

25 Ibid.

Literatur

P. M. Altman, »Australian Tea Tree Oil«, in: *Australian Journal of Pharmacy*, April 1988, Bd. 69.

ders., »Summary of Safety Studies Concerning Australian Tea Tree Oil«, in: *Modern Phytotherapy – The Clinical Significance of Tea Tree and Other Essential Oils*. Proceedings of a Two-day Conference at Macquarie University, Sydney, 1. und 2. Dezember 1990, Bd. II.

B. Barnes, »The Vaginol Range of Formulations Containing Tea Tree Oil«, in: *Modern Phytotherapy – The Clinical Significance of Tea Tree and Other Essential Oils*. Proceedings of a Two-day Conference at Macquarie University, Sydney, 1. und 2. Dezember 1990, Bd. II.

ders., »The Development of Topical Applications Containing Tea Tree Oil for Vaginal Conditions«, in: *Modern Phytotherapy – The Clinical Significance of Tea Tree and Other Essential Oils*. Proceedings of a Two-day Conference at Macquarie University, Sydney, 1. und 2. Dezember 1990, Bd. I.

I. B. Basset, »Tea Tree Gel Controls Acne: A Comparative Study of Tea Tree Oil Versus Benzoyl Peroxide in the Treatment of Acne«, in: *International Journal of Aromatherapy*, 1990, Bd. 3, Nr. 2.

P. Belaiche, »Treatment of Skin Infection with the Essential Oil of *Melaleuca alternifolia*«, in: Phytotherapy, 1985, Bd. 15.

ders., »Treatment of Vaginal Infections of *Candida albicans* with the Essential Oil of *Melaleuca alternifolia*«, in: *Phytotherapy*, 1985, Bd. 15.

M. F. Beylier, »Bacteristatic Activity of Somc Australian Essential Oils«, in: *Perfumer & Flavorist*, 1979, Bd. 4.

J. J. Brophy, N. W. Davies, I. A. Southwell, I. A. Stiff & L. R. Williams, »Gas Chromatographic Quality Control for Oil of Melaleuca Terpinen-4-ol Type« (Australian Tea Tree), in: *J. Agric. Food Chem.*, 1989, Bd. 37, Nr. 5.

Dr. S. Cabot, »The Use of Tea Tree in Clinical Practice«, in: *Modern Phytotherapy – The Clinical Significance of Tea Tree and Other Essential Oils*. Proceedings of a Two-day Conference at Macquarie University, Sydney, 1. und 2. Dezember 1990, Bd. I.

C. F. Carson und T. V. Riley, »Antimicrobial Activity of the Essential Oil of *Melaleuca alternifolia*«, in: *Letters in Applied Microbiology*, 1993, Bd. 16, Nr. 2, S. 49–55.

A. B. Cribb und J. W. Cribb, *Useful Wild Plants in Australia*. Collins 1982.

P. Davies, »Ti-tree Oil for an Adult With Chickenpox«, in: *Aromatherapy Quarterly*, 1986, Bd. 12.

C. Dean, »The Marketing of Tea Tree for its True Worth«, in: *Modern Phytotherapy – The Clinical Significance of Tea Tree and Other Essential Oils.* Proceedings of a Two-day Conference at Macquarie University, Sydney, 1. und 2. Dezember 1990, Bd. II.

C. Dean und P. Daffy, »A Natural Answer to Acne Dilemma«, in: *Modern Phytotherapy – The Clinical Significance of Tea Tree and Other Essential Oils.* Proceedings of a Two-day Conference at Macquarie University, Sydney, 1. und 2. Dezember 1990, Bd. II.

C. Dean und R. Guba, »Australian News«, in: *International Journal of Aromatherapy*, 1991, Bd. 3, Nr. 3.

S. Drury, *Tea Tree Oil.* C. W. Daniel 1991.

K. Fletcher, »Colonial Medicine in Australia«, in: *The Herbal Review*, 1988, 1. Quartal.

J. Fogarty, »Clinical Investigation of a Tea Tree Oil Preparation for the Rehydration of the Skin in the Lower Limb«, in: *Modern Phytotherapy – The Clinical Significance of Tea Tree and Other Essential Oils.* Proceedings of a Two-day Conference at Macquarie University, Sydney, 1. und 2. Dezember 1990, Bd. II.

R. E. Goldsbrough, »Ti-tree Oil«, in: *Manufacturing Chemist*, 1939, Februar.

Dr. O. Hellyer, »Review of Current Safety and Efficacy Studies on Melaleuca Oil to Approved Protocols«, in: *Modern Phytotherapy – The Clinical Significance of Tea Tree and Other Essential Oils*. Proceedings of a Two-day Conference at Macquarie University, Sydney, 1. und 2. Dezember 1990, Bd. II.

V. Home, »Antimicrobial Activity in Perspective«, in: *Modern Phytotherapy – The Clinical Significance of Tea Tree and Other Essential Oils.* Proceedings of a Two-day Conference at Macquarie University, Sydney, 1. und 2. Dezember 1990, Bd. II.

E. M. Humphrey, »A New Australian Germicide«, in: *Medical Journal of Australia*, 1930, Bd. 1.

M. Kawakami, R. M. Sachs und T. Shibamato, »Volatile Constituents of Essential Oils Obtained from Newly Developed Tea Tree (*Melaleuca alternifolia*) Clones«, in: *J. Agric. Food Chem.*, 1990, Bd. 38, Nr. 8.

T. Low, *Bush Medicine*. Collins, Angus & Robertson 1991.

W. L. Mayo, »Australian Tea Tree Oil – A Summary of Medical, Pharmacological and Alternative Health Research and Writings«, in: *International Journal of Alternative and Complementary Medicine,* 1992, Dezember.

Dr. H. Merkur, »The Impact of HPV (Human Papilloma Virus) in Gynaecology«, in: *Modern Phytotherapy – The Clinical Significance of Tea Tree and Other Essential Oils.* Proceedings of a Two-day Conference at Macquarie University, Sydney, 1./2. Dezember 1990, Bd. I.

K. A. Merry, Composition of Oil from *Melaleuca alternifolia, M. linariifolia* and *M. dissitiflora.* Implications for the Australian Standard, Oil of Melaleuca – Terpinen-4-ol Type«, in: *Modern Phytotherapy – The Clinical Significance of Tea Tree and Other Essential Oils.* Proceedings of a Two-day Conference at Macquarie University, Sydney, 1. und 2. Dezember 1990, Bd II.

G. J. Murtagh & R. J. Etherington, »Variation on Oil Concentration and Economic Return from Tea Tree Oil«, in: *Australian Journal of Experimental Agriculture*, 1990, Bd. 30.

C. W. Olsen, *Australian Tea Tree Oil.* Kali Press 1989.

E. F. Pena, »*Melaleuca alternifolia* Oil: Its Use for Trichomonal Vaginitis and Other Vaginal Infections«, in: *Journal of Obstetrics and Gynecology*, 1962, Bd. 19, S. 792.

A. R. Penfold, »Some Notes on the Essential Oil of *Melaleuca alternifolia*«, in: *Australian Journal of Pharmacy*, 1937, 30 März.

A. R. Penfold & F. R. Morrison, »Tea Tree Oils«, in: E. Guenther's *The Essential Oils.* New York: Van Nostrand 1950.

J. Price, »The Use of Tea Tree Oil in Burn Treatment«, in: *Modern Phytotherapy – The Clinical Significance of Tea Tree and Other Essential Oils.* Proceedings of a Two-day Conference at Macquarie University, Sydney, 1. und 2. Dezember 1990, Bd. I.

J. M. Reece, »Blooming Business«, in: *International Journal of Aromatherapy*, 1991, Bd. 3, Nr. 2.

R. Ryan, »Oil of *Melaleuca alternifolia* Dissolved in Liquid Carbon Dioxide Propellant (Bactigas. TM) Used for the Control of Bacteria and Fungi in Air Conditioning Systems«, in: *Modern Phytotherapy – The Clinical Significance of Tea Tree and Other Essential Oils.*

Proceedings of a Two-day Conference at Macquarie University, Sydney, 1. und 2. Dezember 1990, Bd. II.

Prof. R. Sachs, »*Melaleuca alternifolia*: An Estimate of its Potential as a Crop for California«, in: *Modern Phytotherapy – The Clinical Significance of Tea Tree and Other Essential Oils.* Proceedings of a Two-day Conference at Macquarie University, Sydney, 1. und 2. Dezember 1990, Bd. II.

R. Setright, »A Phytotherapeutic Approach to the Immune System and Viral Infections«, in: *Modern Phytotherapy – The Clinical Significance of Tea Tree and Other Essential Oils.* Proceedings of a Two-day Conference at Macquarie University, Sydney, 1. und 2. Dezember 1990, Bd. I.

L. Shallcross, »Ti-Tree and Chickenpox«, in: *Aromatherapy Quarterly*, 1986, Bd. 12.

A. Shemesh & W. L. Mayo, »Tea Tree Oil – Natural Antiseptic and Fungicide«, in: *International Journal of Alternative and Complementary Medicine*, 1991, Dezember.

I. A. Southwell & I. A. Stiff, »Ontogenetical Changes in Monoterpenoids of *Melaleuca alternifolia* Leaf«, in: *Phytochemistry*, 1989, Bd. 28, Nr. 4, S. 1047–1051.

D. Stewart, »The Scientific Basis and Clinical Significance of Essential Oil Use in Phytotherapy«, in: *Modern Phytotherapy – The Clinical Significance of Tea Tree and Other Essential Oils.* Proceedings of a Two-day Conference at Macquarie University, Sydney, 1. und 2. Dezember 1990, Bd. I.

G. Sword & G. L. K. Hunter, »Composition of Australian Tea Tree Oil«, in: *J. Agric. Food Chem.*, 1978, Bd. 26, Nr. 3.

M. Walker, »Clinical Investigation of Australian *Melaleuca alternifolia* for a Variety of Common Foot Problems«, in: *Current Pediatry*, 1972, April.

D. L. Williams, »The Modern Tea Tree Story«, in: *Modern Phytotherapy – The Clinical Significance of Tea Tree and Other Essential Oils.* Proceedings of a Two-day Conference at Macquarie University, Sydney, 1. und 2. Dezember 1990, Bd. I.

ders., »Selection and Breeding of Superior Strains of Melaleuca Species to Produce Low Cost, High Quality Tea Tree Oil«, in: *Modern Phytotherapy – The Clinical Significance of Tea Tree and Other Essential Oils.* Proceedings of a Two-day Conference at Macquarie University, Sydney, 1. und 2. Dezember 1990, Bd. II.

L. R. Williams, V. N. Home und I. Stevenson, »The Composition and Bactericidal Activity of Oil of *Melaleuca alternifolia* (Tea Tree Oil)«, in: *International Journal of Aromatherapy,* 1988, Bd. 1, Nr. 3.
L. R. Williams, V. N. Home und S. Asre, »Oils of *Melaleuca alternifolia*«, in: *International Journal of Aromatherapy,* 1990, Bd. 2, Nr. 4.
L. R. Williams, V. N. Home, C. Uebergang und L. Stemp, »Scientific Selection and Cultivation of Australian Tea Tree (*Melaleuca alternifolia*)«, Paper given at the International Symposium on New Crops für Food and Industry (Southampton, September 1987).

Register